Encontre a pessoa certa para você

H. Norman Wright

Encontre a pessoa certa para você

SEGREDOS PARA ACHAR A PESSOA CERTA

Tradução
Lenita Ananias

Vida

Vida
EDITORA VIDA
Rua Isidro Tinoco, 70 Tatuapé
CEP 03316-010 São Paulo, SP
Tel.: 0 xx 11 2618 7000
Fax: 0 xx 11 2618 7030
www.editoravida.com.br

■

Todas as citações bíblicas e de terceiros foram adaptadas segundo o Acordo Ortográfico da Língua Portuguesa, assinado em 1990, em vigor desde janeiro de 2009.

Editor responsável: Sônia Freire Lula Almeida
Editor-assistente: Gisele Romão da Cruz Santiago
Revisão de tradução: Noemí Lucília Soares Ferreira
Revisão de provas: Josemar de Souza Pinto
Diagramação: Karine dos Santos Barbosa
Capa: Arte Peniel

1. edição: fev. 2011

Dados Internacionais de Catalogação na Publicação (CIP)
(Câmara Brasileira do Livro, SP, Brasil)

Wright, H. Norman
Encontre a pessoa certa para você: segredos para achar a pessoa certa/H. Norman Wright; tradução Lenita Ananias. — São Paulo: Editora Vida, 2010.

Título original: *Finding the Right One for You.*
ISBN 978-85-383-0192-9

1. Companheiro conjugal - Escolha - Aspectos religiosos - Cristianismo
2. Homem - Mulher - Relacionamento - Aspectos religiosos - Cristianismo
3. Relações interpessoais - Aspectos religiosos - Cristianismo I. Título.

10-12030 CDD-248.84

Índices para catálogo sistemático:

1. Companheiro conjugal: Escolha: Aspectos religiosos: Cristianismo 248.84

Sumário

1

Casamento — Será a solução para você?

Dois meses depois de terminar a faculdade e a um mês do curso de pós-graduação, topei o desafio: me casei. Chegaram ao fim vinte e dois anos de vida de solteiro, e eu estava realmente ansioso para me casar. Será, porém, que eu sabia mesmo o que esperar? Não. Será que eu sabia agir como marido? Na verdade, não. Pode-se dizer, então, que eu não estava inteiramente preparado para o que encontrei. Mesmo assim, comecei a aprender e a crescer.

Casamento. Você quer se casar. Caso contrário, não estaria lendo este livro. De fato, você está procurando aquele alguém especial, que será um cônjuge maravilhoso, que atenda a todas as suas necessidades e o complete plenamente. *No entanto, você não vai encontrar essa pessoa!* Cada um que você encontrar terá falhas, mas tudo bem. Todos os casamentos começam nessa condição. Continue procurando, mas tenha em mente que até com o melhor par que você encontrar, no início não haverá 100% de compatibilidade. Todavia, é possível vocês *passarem a ser* compatíveis. Faça planos para que isso seja o principal objetivo para os primeiros cinco ou dez anos. É o que demora se você trabalhar nisso. Se não trabalhar nisso, talvez vocês jamais aprendam a engrenar. Preocupante, não? Eu quero mesmo que você se preocupe! Quero que tenha consciência do que é preciso para ser casado e para fazer disso uma experiência satisfatória para sua vida. Vamos pensar por uns momentos em você e no casamento.

Se está pensando em se casar, você deve ter algumas esperanças e alguns sonhos em relação ao casamento. O que exatamente espera que o casamento faça por você? Quando eu trabalhei com vários departamentos universitários e grupos de solteiros nas igrejas, fazia esta pergunta: "O que você vai obter do casamento que não obteria se permanecesse solteiro?". É uma pergunta para pensar, orar a respeito e discutir com um amigo de confiança ou com alguns casais casados para ter um esclarecimento realista. Note a palavra "realista"!

O QUE ACONTECE QUANDO VOCÊ SE CASA

Quando se casarem, se você e seu cônjuge esperam continuar no casamento a vida que cada um conhece agora, vão experimentar a sensação de um grave choque frontal. Cada um de vocês vai precisar se livrar de alguns hábitos e deixar de lado seu mundo atual a fim de construir uma nova vida e uma nova cultura. A maioria de nós não espera uma transição tão drástica. Você, porém, não se está casando com um clone, que pensa, age e faz tudo exatamente como você. Quem, então, cede, muda e se adapta? Qual é o melhor jeito? Vocês têm de descobrir isso juntos. É mais fácil enfrentar o maior número possível desses problemas antes de se casar que ser devastado e decepcionado por eles logo depois da cerimônia de núpcias. Como já disse alguém: "O casamento não é uma proposta de 50—50. Tem mais a ver com uma relação de

90—10. Às vezes um dos dois dá 90, e outras vezes, recebe 90. Não fique contabilizando os pontos".

O casamento vai mudar a relação de namoro de vocês. Todas as expectativas, conscientes e inconscientes, que vocês trouxeram agora serão postas à prova, e algumas não serão alcançadas. O próprio casamento age como um gatilho que desencadeia esperanças, temores, necessidades e desejos subjacentes, que estiveram adormecidos durante anos, à espera do momento de se manifestar.

Se você quer saber se casar produz ou não mudanças importantes, pense nisso. Numa grande pesquisa de opinião realizada nos Estados Unidos a respeito do que ocorre durante o primeiro ano de casamento, de 50% a 60% de recém-casados (e 50% desses casais moravam juntos antes de se casar) relatam:

- O número de discussões que tinham mudou depois de se casarem.
- A tendência de um ser crítico em relação ao outro mudou (a maioria era mais crítica).
- A sensação de autoconfiança desses entrevistados mudou.
- A relação deles com a família de origem mudou.
- A atitude deles com referência ao trabalho mudou.
- O interesse em ter um lar atraente mudou.[1]

Além disso, entre 40% e 50% relataram que tiveram eventual apreensão sobre se seu casamento duraria; tiveram problemas conjugais; e relataram que descobriram que ser casado é mais difícil do que tinham imaginado.[2]

---

1 AROND Miriam; PARKER, Samuel L., M.D. **The First Year of Marriage**. New York: Warner Books, 1987, p. 9-10, adaptado.

2 Ibid., p. 307, adaptado.

Essa mesma pesquisa descobriu um fato perturbador, que faz pensar e pode ser muito benéfico para os que pretendem se casar. Houve tantos arrependimentos em relação ao primeiro ano de casamento quanto o número de pessoas que tinham sido casadas. Quase todos desejavam ter feito alguma coisa diferente. O fator mencionado com mais frequência dizia respeito a atingir metas e especificar as necessidades antes de se casar. Essas pessoas desejavam ter tido mais responsabilidade para o sucesso da relação.[3]

Dos indivíduos entrevistados, os que se tinham divorciado, todos disseram que os problemas começaram no início do casamento, mas muitos negaram ou ignoraram os problemas até ser tarde demais.[4]

Isso é arrasador e quase impossível, não é? Bem, pelo indivíduo sozinho, é. Eu não sei como os casais podem resolver isso sem aprender a se submeter a Deus. Claire Cloninger, no livro *When the Glass Slipper Doesn't Fit and the Silver Spoon Is in Someone Else's Mouth*, definiu muito bem o milagre do casamento:

> Imagino que o grau de dificuldade para combinar duas vidas fique em algum lugar entre desviar a rota de um furacão e encontrar um lugar para estacionar no centro de Manhattan. Sou de opinião de que somente o próprio Deus pode fazer um casamento dar realmente certo. E, quando ele faz isso do seu modo, é um de seus melhores milagres. Quero dizer, a abertura do mar Vermelho foi boa, mas, em minha opinião, esse milagre é ainda melhor. O que Deus pode criar de [...]

---

[3] Arond Miriam; Parker, Samuel L., M.D, p. 342-343, adaptado.

[4] Ibid., p. 343, adaptado.

duas vidas rendidas a ele é "infinitamente mais do que tudo o que pedimos ou pensamos".[5]

É por meio do Senhor que podemos descobrir como desfrutar sua graça em nosso casamento. Junto com a desistência do seu estilo de vida de solteiro está a necessidade de você se entregar a Deus e à vontade e força dele, à medida que seu casamento evolui. Pode haver dias em que, por mais que se tenha preparado para o casamento, você pare e diga: "Não é bem isso que eu esperava. Será que esta foi a melhor decisão para mim? Na época, eu achava que sim". Quando isso acontece, é o momento em que a profundidade do amor realista (de que trataremos num capítulo posterior) e o compromisso terão de sustentar seu casamento.

Num livro de ensaios sobre o casamento, Mike Mason escreveu: "O casamento implica constante renovação diária de uma decisão que, por ser de ordem tão assombrosa, é humanamente impossível de ser tomada; isso só pode ser feito mediante a graça de Deus".[6]

AS CONSEQUÊNCIAS DE MORAR JUNTOS ANTES DO CASAMENTO

Que tal morar juntos? Muitos casais acham que isso é a solução e que evita o divórcio. Um dos mitos mais prejudiciais que ajudam a destruir um casamento duradouro é o de que "viver juntos antes de se casar vai dar ao casal um alicerce melhor

---

[5] CLONINGER, Claire. **When the Glass Slipper Doesn't Fit and the Silver Spoon Is in Someone Elses's Mouth**. Dallas: Word Publishers, 1993, p. 93. Todos os direitos reservados.

[6] MASON, Mike. **The Mystery of Marriage**. Portland: Multnomah Press, 1985, p. 56.

para o casamento". Em todas as pesquisas, esse modelo tem se mostrado mortal para a relação matrimonial. Para ser franco e direto, quando um casal mora junto antes do casamento pode esperar o fracasso. A taxa de divórcio é significativamente mais alta nesse caso. Para apresentar um panorama do que ocorre em tal situação, de 100 casais que começam a conviver juntos, 40 vão se separar antes de se casar. Dos 60 que se casam, pelo menos 35 vão se divorciar, o que faz restar 25 casais dos 100 iniciais que conviveram antes do casamento.[7]

Muitos dos que leem esses espantosos resultados poderão dizer: "Nós somos a exceção. Somos diferentes. Vamos conseguir". Esses que protestam com tanta veemência, porém, normalmente vêm a ser um dado estatístico.

Quando os casais moram juntos, existe a negação da realidade de que o divórcio pode lhes acontecer. Viver com outra pessoa não é o mesmo que fazer um teste para tomar parte numa peça e esperar conseguir o papel. Não se brinca de casinha nem se faz teste para exercer o papel de marido ou de mulher. Quando você mora junto antes do casamento ou apenas tem atividade sexual, sua objetividade na tomada de decisões fica obscurecida. Tenho visto isso em muitos casais. Quando um casal passa a ter atividade sexual ou a conviver antes do casamento, torna-se difícil tomar decisões objetivas ou enxergar racionalmente as áreas problemáticas. É muito mais fácil aprender e discernir os problemas quando se está namorando do que quando se mora junto ou quando se tem atividade sexual.

É impossível reproduzir a dinâmica do casamento com a convivência prévia. Sempre há aquela atitude subjacente: "É um teste,

---

[7] McMANUS, Michael J. **Marriage Savers**. Grand Rapids: Zondervan, 1983, p. 23, adaptado.

um ensaio. Vamos encontrar os problemas agora a fim de eu poder me livrar dessa relação". Isso é muito diferente de "Vamos encontrar os problemas a fim de podermos resolvê-los e aprender a ser compatíveis um com o outro". Quando se mora junto, há um limite do que se investe, não só do ponto de vista emocional, mas também financeiro. Normalmente o casal não tem filhos, e há aquela sensação embaraçosa e desconfortável diante de outras pessoas que tenham valores diferentes. Ainda existe uma aceitação limitada e seletiva desse tipo de envolvimento, dependendo do grupo com que o casal convive. É como tentar ser de certa forma casados, mas sem precisar obedecer às regras.

Quando vocês vivem juntos, vocês refletem ambivalência. Não querem o estilo de vida de solteiros, nem o estilo de vida de casados. Não é o melhor dos dois mundos. Na verdade, é o pior. Você é solteiro, mas não tem liberdade para cultivar novas relações. Não é completamente casado, por isso também não pode desenvolver a intimidade no seu grau mais pleno.[8]

Viver juntos não dá a vocês a oportunidade de construir intimidade. Pelo contrário, gera discussões sobre quem faz as compras, quem cozinha, quem faz a faxina etc. Vocês têm um pé na relação e outro fora dela.

ENVOLVIMENTO SEXUAL PRÉ-MATRIMONIAL — RAZÕES PARA ESPERAR

O que eu vou dizer agora é o que chamo de "pisada no dedo do pé", mas precisa ser dito. Quando os casais convivem antes de se casar ou têm atividade sexual, isso não só obscurece o processo

---

8 Page, Susan. **If I'm So Wonderful, Why Am I Still Single?**. New York: Bantam Books, 1988, p. 19-20, adaptado.

de tomada de decisões, mas também reflete a atitude de pessoas menos maduras, do tipo de quem quer "satisfação imediata". Quanto maior o grau de maturidade, mais se é capaz de adiar a satisfação e estabelecer limites saudáveis. Se você é amadurecido, sente-se bem com você mesmo e com sua identidade.

Morar juntos antes do casamento é, em geral, mais conveniente para o homem que para a mulher. As mulheres costumam morar com um homem para ser queridas e dele receber cuidados. Depois de entrar numa relação, gasta-se muito mais energia tentando decidir se "isso vai funcionar" do que em tomar a resolução: "Sim, vamos fazer dar certo!".

Já mencionei o problema da satisfação instantânea no envolvimento sexual prematuro. Há, porém, mais três motivos para esperar até o casamento para que o casal comece a ter relações sexuais. Uma dessas razões é ensinada de forma bem clara nas Escrituras. Se você estiver envolvido com uma pessoa que diz que a Bíblia não vale para os dias de hoje ou que ela não ensina a se manter sexualmente puro até o casamento, é porque está envolvido com alguém ignorante dos ensinamentos bíblicos ou porque põe os próprios desejos acima do plano de Deus — ou ambas as coisas!

O segundo motivo já foi mencionado: o envolvimento sexual prematuro obscurece o raciocínio necessário para tomar decisões sábias.

Entretanto, a terceira razão é o fato de as pessoas que têm atividade sexual antes do casamento terem mais probabilidade de se divorciar. As evidências sociológicas indicam que os que se casam não sendo mais virgens aumentam a probabilidade de divórcio em cerca de 60%.[9]

---

[9] McManus, p. 92-93, adaptado.

Em *Too Close, Too Soon,* Jim Talley apresenta uma curiosa visão referente ao relacionamento sexual. Nesse livro, escrito em conjunto com Bobbie Reed, ele observa que "os homens e as mulheres costumam ter pontos de vista diferentes no que diz respeito à intimidade. Para os homens, a intimidade física em geral precede o envolvimento emocional; as mulheres, por outro lado, quase sempre se relacionam emocionalmente antes de ter intimidade física com um namorado". Isso gera mal-entendidos inevitáveis.

> Se uma mulher acredita que o contato físico acompanha a intimidade emocional, ela talvez suponha que seu companheiro esteja tão comprometido emocionalmente com o relacionamento quanto ela [...]. Pode começar a ter expectativa de uma proposta de casamento, uma vez que ele deu início à intimidade. Para ela, é perfeitamente lógico; para ele, provavelmente amedrontador. A relação pode terminar nesse ponto. O homem, muito surpreso com a profundidade da ligação emocional de sua companheira com ele [...] pode afastar-se, explicando que não está preparado para um relacionamento sério.
>
> A intimidade verdadeira leva tempo para se desenvolver à medida que a confiança é construída em cada faceta de uma relação por uma série de experiências compartilhadas [...]. Reconhecer e aceitar o fato de que intimidade física e emocional costuma ter prioridade diferente para homens e mulheres é o primeiro passo da solução dessas diferenças. O segundo, é exercer a paciência mútua.[10]

Naturalmente a paciência *não* é o que caracteriza a maior parte dos romances atuais — a norma é a intimidade sexual, o

[10] TALLEY, Jim; REED, Bobbie. **Too Close,Too Soon**. Nashville: Thomas Nelson Publishers, 1982, p. 21.

que se assemelha a colocar um propulsor de foguete num automóvel comum e dispará-lo numa rodovia em alta velocidade. O dr. Talley emprega outra imagem para ilustrar o perigo:

> O sexo pré-conjugal gera instabilidade no relacionamento. É como tentar edificar um segundo andar num edifício sobre algumas estacas no chão. Existe culpa, uma expectativa irreal de casamento, quando nenhum dos dois firmou esse compromisso, além da intensidade na relação sem nenhuma base de amizade que a sustente.[11]

Talvez você diga: "Não só é difícil demais abster-se, mas também é impossível. É irreal. Inatural". É mesmo? Pense nisto:

> A atitude de grande parte da sociedade é de que o nosso apetite sexual *tem de ser satisfeito*. A voz geral é de que isso é necessário para uma vida normal e saudável. Temos de comer, beber e ter relações sexuais para viver. Isso, porém, não passa de mentira. É possível viver uma vida plenamente normal, saudável e feliz sem ter relação sexual. Se deixarmos de comer ou de tomar água, morreremos, mas não morreremos se nos abstivermos de sexo. É a falta (talvez eu deva dizer recusa) de reconhecer esse fato que torna impossível que muita gente pense sinceramente no autocontrole em relação à sua vida sexual. O autocontrole não só é possível, como também é obrigatório para o cristão solteiro. É uma norma divina de vida para nós. Se quisermos andar com Deus, devemos segui-la.
>
> Permita-me dar umas dicas do que vai acontecer na luta pelo autocontrole.
>
> Em primeiro lugar, o autocontrole é simplesmente impossível para quem se recusa a comprometer-se com ele. Ele começa

[11] TALLEY, Jim; REED, Bobbie, p. 21.

com uma decisão difícil, mas clara, de ser determinado tipo de pessoa. Os solteiros que brincam com seu compromisso estão na verdade garantindo o próprio fracasso, mas aqueles que decidem sinceramente que vão se abster de relação sexual alcançarão o êxito.

Quero destacar a *certeza de sucesso* para aqueles que firmam um compromisso pessoal de se abster de relações sexuais. Um compromisso verdadeiro feito por um indivíduo que se conhece bem terá sucesso. Estou falando de uma decisão de vida ou morte.[12]

FATORES RESPONSÁVEIS PELO BOM FUNCIONAMENTO DO CASAMENTO

Quais os fatores que permitem a sobrevivência de um casamento?

Para os casais que têm um casamento satisfatório, cada um deles tem o cônjuge como a principal pessoa de sua vida. A família de origem (pais e irmãos) passa a ser secundária para eles. Esses casais também se separaram emocionalmente deles de forma saudável e fizeram as pazes, qualquer que tenha sido o problema que tiveram de enfrentar. Agora agem como adultos, sem depender da respectiva família original.

Compromisso

O cimento que manterá o casamento firme não é o amor. Há uma palavra que está tornando-se estranha quanto ao significado e à aplicação para a nossa cultura em geral; trata-se do termo "compromisso". Ah, ouço muita gente dizer que se pode

---

[12] Burns, Bob; Whiteman, Tom. **The Fresh Start Divorce Recovery Workshop**. Nashville: Thomas Nelson Publishers, 1992, p. 144.

comprometer com alguém ou algo, mas o compromisso dessas pessoas está de pé enquanto tudo vai bem. Quando, porém, as coisas começam a ficar difíceis, é que se evidencia o verdadeiro grau de compromisso.

O casamento é um compromisso incondicional, não um contrato. Alguns psicólogos, conselheiros matrimoniais e ministros religiosos já deram a entender que o casamento é um contrato, e muita gente concorda prontamente. Será mesmo que é um contrato?

Em todo contrato há cláusulas condicionais. Um contrato em que duas partes estão envolvidas, quer entre empresas quer entre indivíduos, implica a responsabilidade de ambas cumprirem suas cláusulas. Essas cláusulas são condicionais, precedidas de um "se": Se você fizer *isso*, a outra parte deve fazer *aquilo*; e se a outra parte faz *isso*, você tem de fazer *aquilo*. Na relação matrimonial, porém, não há cláusulas condicionais. Em nenhum momento da cerimônia de casamento o pastor diz: "Se o marido amar sua mulher, a mulher continuará no contrato". Tampouco: "Se a mulher for submissa ao seu marido, o marido continuará no contrato". O casamento é um compromisso incondicional em que duas pessoas se envolvem.

Na maioria dos contratos, existem cláusulas rescisórias. A cláusula rescisória afirma que, se uma parte não cumprir suas responsabilidades contratuais, a segunda parte estará desobrigada de cumprir as suas e livre para rescindir o contrato. No casamento não existe cláusula rescisória.

Compromisso significa várias coisas para diferentes pessoas. Para algumas, a força de seu compromisso varia de acordo com o modo com que se sentem emocional ou fisicamente. O verbo "comprometer-se" significa "cumprir ou levar a cabo". Compromisso é uma promessa vinculativa. É uma promessa particular que vocês tornam pública. É uma promessa levada ao cumprimento apesar dos obstáculos e barreiras. É doar-se totalmente à outra pessoa. Sim, é um risco, mas torna a vida satisfatória.

Talvez a melhor forma de definir isso seja comparar o compromisso a um *bungee jumping*. Quem já enfrentou o desafio, sabe que, quando tira o pé da plataforma, está comprometido com a queda livre. Não há tempo para pensar nem mudar de ideia. Não há como voltar atrás.

Um amigo meu contou-me o que fez o casamento dele durar. Ele disse: "Norm, eu e minha mulher firmamos um compromisso um com o outro e com o casamento que nos manteve unidos. Quando sentíamos que o nosso compromisso com o outro estava enfraquecendo, era o compromisso com o nosso casamento que nos mantinha unidos".

O compromisso com alguém até que essa pessoa morra é idealista para alguns. Quando tem a ver conosco e o compromisso não nos causa problemas, nós o cumprimos. Quando, porém, ocorrem determinados problemas, ele não é válido. Compromisso é mais que permanecer na situação e sofrer com a escolha malsucedida do cônjuge. Não é apenas manter; é investir. Não é só suportar; é trabalhar para fazer a relação crescer. Não é apenas aceitar e tolerar condutas negativas e destrutivas da parte de seu cônjuge; é agir e trabalhar para a mudança. É permanecer com alguém, não importando as circunstâncias. Preste atenção a esta história narrada por uma esposa.

> Em 1988, fui diagnosticada como portadora do vírus Epstein Barr (síndrome da fadiga crônica). Isso mudou totalmente a minha vida, que era vibrante e cheia de emoções. Meu marido, Kelly, permaneceu comigo e tornou-se meu protetor durante esses últimos anos de adaptação. Ele tomou

> conta de nossa família quando minhas forças não me permitiam. Segurou minha mão durante a depressão, inclusive nos dez dias de internação no hospital. Insistiu em que eu fizesse o repouso necessário, mesmo que isso acarretasse mais um fardo para ele. Pagou o preço, qualquer que tenha sido, de qualquer esperança de cura que encontramos. Ele foi mais que um marido; foi meu melhor amigo. Um amigo que ficou mais próximo e mais íntimo que qualquer membro da família. Quando eu o conheci, ele era o meu "príncipe encantado no cavalo branco", e provou continuar a ser esse príncipe em nossos catorze anos e meio de casamento. Às vezes eu lhe digo que ele é a "minha salvação", porque não sei se ainda estaria suportando não fosse pela força dele. Não sei se eu ainda estaria andando com o Senhor não fosse o incentivo de meu marido. Tê-lo encontrado foi a melhor experiência da minha vida.

Se você quer que o seu casamento dê certo, tenha em mente que haverá altos e baixos durante toda a sua vida matrimonial. Haverá mudanças enormes — algumas previsíveis e outras inoportunas. Essas mudanças têm o potencial de crescimento, mas ao mesmo tempo são um risco. Vários casamentos não sobrevivem porque muitos casais ignoram o fato inescapável de que, assim como as pessoas, os relacionamentos mudam.

Ouvi o seguinte de uma esposa:

> Desde que nos casamos, há cinquenta anos, dá para imaginar por quantas mudanças passamos: 3 guerras; 11 presidentes; 5 recessões; caminhamos do Ford modelo A até a chegada à Lua, das estradas nacionais até as superinfovias de informação. Embora essas mudanças à nossa volta tenham sido significativas, as mudanças individuais que Deus realizou em nós, por intermédio um do outro, foram ainda mais importantes.

> Apesar de em geral não termos visto que Deus estava operando em nossa vida com o passar dos anos, agora, olhando para trás, percebemos que nosso casamento foi uma escola de aperfeiçoamento do caráter. Deus usou meu marido em minha vida e me usou na vida dele para nos tornar mais semelhantes a Cristo. Quais são as lições que aprendemos acerca de como Deus usa o casamento para nos transformar? São muitas. Ao longo de cinquenta anos de união matrimonial, aprendemos que as diferenças nos aperfeiçoam, que a crise nos amadurece e o ministério nos funde numa só pessoa.
>
> Primeiro, Deus usou nossas diferenças para nos ajudar a crescer. Foram muitas e muitas crises que Deus usou para nos desenvolver e fazer crescer. A primeira delas foi enorme, a maior: a crise de termos sido separados logo assim que casamos. Nosso romance é um romance de tempos de guerra. Nós nos conhecemos na igreja, namoramos durante dois meses e nos casamos depois de três semanas de noivado. Depois de apenas dois meses de casados, ficamos sem nos ver durante os dois anos seguintes. Jimmy foi enviado para o Pacífico Sul na Segunda Guerra Mundial. Quando ele voltou, dois anos depois, éramos totalmente estranhos, mas éramos casados um com o outro!

Como vocês teriam lidado com essa situação? Como lidam com as mudanças difíceis, repentinas e dolorosas? Vocês têm de estar dispostos a encarar o fato de que mudanças acontecem. Vocês vão mudar, o casamento de vocês vai mudar, seu cônjuge vai querer que você mude, e vice-versa.

Tenho certeza de que, quando vocês se casarem, haverá comportamentos e reações da parte de um e de outro que vocês gostariam de mudar. Isso é normal. Entretanto, não se esqueça:

> É sempre um erro confiar que seu cônjuge vai ter uma mudança mágica depois do casamento. Todo mundo muda, mas casar-se na esperança de que as mudanças positivas vão ocorrer espontaneamente é uma esperança temerária. Muita gente se casa acreditando que as condições insuportáveis vão melhorar. Essas condições melhoram, sim, se houver um compromisso suficientemente forte com o casamento. Contudo, as coisas sempre pioram antes de melhorar. Esse período de piora ocorre porque somos muito relutantes em criar uma situação desconfortável com a discussão — fechamos nossos sentimentos, confrontamo-nos e enfrentamos nossa situação. A esperança de que os problemas vão passar sem esforço é uma fantasia sedutora difícil de ser ignorada.[13]

Você pode causar impacto no seu futuro cônjuge se for incentivador, e não crítico; perdoador, e não colecionador de mágoas; capacitador, e não reformador. Tenho visto muitos casais cujo casamento enrijeceu um ou ambos os cônjuges. Um bom casamento, porém, liberta cada um para ser o que pode ser.

Donald Harvey, autor de *The Drifting Marriage*, diz:

> Comprometer-se com o casamento como instituição não quer dizer sentenciar-se. A intenção é que o casamento proporcione segurança e estabilidade. Todos os casais têm conflitos. Em todo casamento é preciso fazer alguns ajustes. Sentir segurança num compromisso com um cônjuge para o casamento dá a oportunidade para lidar com os conflitos e fazer os ajustes necessários. É isso que oferece a capacidade de adaptação ao casamento.

---

[13] WILKE Steve; JACKSON, Dave; JACKSON, Neta. **When We Can't Talk Anymore**. Wheaton: Tyndale, 1992, p.11.

> Um casamento pode enfrentar muitas afrontas, quer de dentro, quer de fora, se o compromisso com essa instituição for forte. Para que haja crescimento e amadurecimento, é preciso esse tipo de compromisso.[14]

Em sua vida, com que você já firmou um compromisso e nele se manteve firme nos bons e nos maus momentos? Com que você já se comprometeu, mas abandonou o compromisso por causa de dificuldades surgidas? Pense nestas perguntas em relação a um trabalho, a um curso, a amigos, a promessas feitas a outros e à doação para sua igreja. Alguma vez você já esteve mais comprometido do que não comprometido? Se você se interessar por outra pessoa (ou se de fato estiver interessado), como essa pessoa lidou com os compromissos na vida dela? Você sabe? Vocês conversaram sobre isso? Descobrir essa conduta antes do casamento é essencial.

O compromisso tem pouco a ver com seus sentimentos; é uma atitude da mente e da vontade. Essencialmente você toma uma decisão e se mantém fiel a ela. Se está pensando em se casar, este é o momento de observar o grau em que foi firmado o seu compromisso e o compromisso da outra pessoa.

A decisão de se manter firme numa relação pode ser o que faz um casamento durar. Quando se entra num casamento com a convicção de que esse casamento vai durar "até que a morte nos separe", seu ponto de vista é diferente de entrar na relação acreditando que o divórcio é uma alternativa. A palavra-chave aqui é "atitude", atitude com base na Palavra de Deus.

Um versículo muito importante para mim é aquele sobre o qual eu peço aos casais em aconselhamento pré-nupcial que construam

---

14 HARVEY, Donald. **The Drifting Marriage**. Old Tappan: Flemming H. Revell, 1988, p. 213.

seu casamento: "[...] considerem motivo de grande alegria o fato de passarem por diversas provações, pois vocês sabem que a prova da sua fé produz perseverança" (Tiago 1.2,3). É fácil ler uma passagem como esta e dizer: "Muito bom esse texto". Outra coisa, entretanto, é pô-la em prática.

O que significa de fato o verbo "considerar"? Refere-se a uma atitude interior de coração e mente que permite às circunstâncias e provações da vida nos afetar, adversa ou beneficamente. Outra tradução possível para Tiago 1.2 seria: "Decida considerar a adversidade bem-vinda, ou alegre-se com ela".

Você tem o poder de decidir qual vai ser a sua atitude. Você pode abordar o problema e dizer: "É horrível — completamente perturbador. É a última coisa que eu queria para a minha vida. Por que tinha de acontecer isso agora? Por que comigo?".

Outra maneira de "considerar" a mesma dificuldade é dizer: "Não é o que eu queria nem esperava, mas aconteceu. Vou ter momentos difíceis, mas vou tentar fazer o melhor possível nessas ocasiões".

Nesse texto de Tiago, o modo verbal empregado em "considerem" indica a imperatividade da ação. Não se trata de atitude de resignação: "Bom, vou desistir. Estou preso a esse problema. A vida é assim mesmo". Se você se resignar, vai se acomodar, sem se empenhar em nada. O modo verbal indica que você terá de ir contra a sua tendência natural de enxergar a provação como uma força negativa. Haverá momentos em que você não olhará para a provação assim; então, terá de se lembrar: "Não, acho que existe um jeito melhor de responder a essa situação. Senhor, eu quero de verdade que tu me ajudes a enxergá-la de um ponto de vista diferente". Desse modo, seu pensamento vai mudar para uma reação mais construtiva. Isso quase sempre exige muito esforço de sua parte.

Deus nos criou com a capacidade e a liberdade de decidir com que maneira vamos reagir a esses incidentes inesperados que a vida põe em nosso caminho. Você pode desejar sinceramente que determinado fato jamais tenha ocorrido, mas não pode mudá-lo.

Minha esposa e eu nos classificamos no grupo de casamentos de alto risco. Nosso segundo filho tinha um retardo mental profundo. Ter uma criança com necessidades especiais de qualquer tipo tem um efeito destrutivo sobre o casamento em nossa sociedade. Cerca de 80% dos casamentos em que há um filho deficiente terminam em divórcio. Nosso filho morreu quando tinha 22 anos. De 70% a 80% dos casais que perdem um filho por morte se divorciam. Nós aprendemos a sobreviver pela graça e o consolo de Deus e a solidez e constância de sua Palavra.

A atitude retratada em Tiago 1.2,3 significa que, quando encontramos problemas, decepções e dificuldades na vida, não há por que ficar surpresos ou chocados. Seu cônjuge não vai ser tudo aquilo que você esperava e vai decepcionar você, assim como você vai decepcioná-lo. Isso não é novidade nenhuma. A questão é: "Como lidar com isso? O que se pode aprender com essa situação? Como se pode crescer com isso? Como reagir diferentemente?".

Se você quer uma relação saudável, aja assim. Hoje existe um senso de direito. "Eu mereço ter o que quero e, se não tiver, desisto". Há um senso de satisfação imediata refletido em "Não quero esperar dez anos por isso. Quero agora". Percebo isso com muita frequência em casais que, ainda nos primeiros anos de casamento, querem alcançar o padrão econômico que seus pais demoraram trinta anos para conquistar com muito trabalho. Uma relação conjugal vai demorar anos para se transformar naquilo que você deseja que ela seja.

Gosto do que Neil Warren disse sobre um dos benefícios que o compromisso proporciona à relação:

> O compromisso ameniza consideravelmente o medo do desamparo. Esse medo é fundamental para muita gente. Em geral, é o medo mais poderoso de todos. Quando éramos crianças e incapazes de cuidar de nós mesmos, nós nos preocupávamos em nos perder na multidão, em ser esquecidos na escola ou em ficar órfãos. Esses medos persistem por toda a vida. Estremecemos, só de pensar no desamparo.
>
> É por isso que a promessa de permanecer dedicado, feita por um cônjuge, é tão importante. Seu cônjuge será leal em todo tipo de circunstância. Isso o liberta radicalmente. Permite-lhe ser você mesmo nos níveis mais profundos, a se arriscar e crescer, a ser completamente autêntico, sem nenhum medo de ser desamparado.[15]

Talvez a definição de compromisso dada por um marido resuma isso da melhor forma:

> Compromisso é perigoso. Ele pode ser explorado. Se minha mulher tomar meu compromisso como líquido e certo, ela pode muito facilmente descansar sobre os louros de suas conquistas. Talvez o compromisso não deva ser simplesmente de um para com o outro como nós somos, mas para com as potencialidades mais altas que podemos atingir juntos. O compromisso, portanto, deveria ser para o casamento não apenas um estado, mas um processo dinâmico. Vou me comprometer com uma vida inteira de aventura, a aventura de viver com essa mulher. A rota dessa aventura foi traçada

---

[15] Warren, Neil Clark. **Finding the Love of Your Life** (Colorado Springs: Focus on the Family, 1992), p. 171. Todos os direitos reservados. Assegurado por copyright internacional. Usado com permissão de Focus on the Family.

> apenas vagamente por aqueles que por ela passaram antes. Pelo fato de eu ser único e de minha mulher também ser única, nosso casamento também será único. Nós nos comprometemos a passar por essa aventura juntos e a seguir para onde quer que ela nos possa levar. Parte da emoção do casamento não é saber com antecedência quais serão as alegrias e as tristezas. Todavia, podemos ter certeza de que vamos enfrentar incontáveis questionamentos e desafios. O compromisso dá o impulso para seguir adiante em face desses desafios.[16]

Você está apto para firmar esse compromisso? Se está apto, pode pensar em casamento.

Será que existe mais alguma coisa que alguém precise saber antes de mergulhar no casamento?

Conflitos resolvidos com bom êxito

Vale a pena examinar os vários estudos já realizados sobre casamentos que deram certo e casamentos que fracassaram. No livro *Why Marriages Succeed or Fail*, os resultados mostram que os casamentos vão durar quando o casal mostrar que tem a capacidade de solucionar os conflitos inevitáveis em toda relação. Ao longo dos anos, muitos casais têm dito que um sinal de casamento saudável e felicidade conjugal é o baixo índice de conflitos. "Nós nunca brigamos" é o lema dessas pessoas. Entretanto, os relacionamentos são edificados e fortalecidos quando se enfrentam e reconciliam as diferenças. É isso que leva o casamento a um nível mais elevado de felicidade e satisfação.

---

[16] Segunda edição de Robert O. Blood Jr., Copyright © 1969 por The Free Press, uma divisão de Simon & Schuster, p. 10-11. Reimpresso com permissão da editora.

Todos, porém, são diferentes na forma de resolver as diferenças. O autor do livro mencionou apenas que descobriu que há três modos diferentes de resolução de problemas que se refletem nos casamentos saudáveis. Existe o *casamento tolerante,* no qual o casal quase sempre faz concessões. Sempre que um problema vem à tona, trata suas diferenças com tranquilidade para a satisfação de cada um dos cônjuges.

Há mais dois estilos que eram considerados modelos não saudáveis, mas parece que não é o caso retratado em *Why Marriage Succeed or Fail.* No *casamento que evita conflitos,* o casal concorda em discordar, mas raramente enfrenta seus problemas direta e francamente. Evita discussões que sabe vão acabar num impasse em que nenhum cede. Os dois se concentram naquilo que estimam na relação, acentuam o lado positivo e aceitam o resto do que é insolúvel. (Particularmente acho que há algumas desvantagens neste e no estilo seguinte.)

O terceiro tipo é o *casamento volúvel,* no qual há desentendimentos frequentes e sempre intensos. Ambos os cônjuges levantam a voz, e ouvir não é o melhor. Parece que eles gostam dessas ocasiões. Esses casais costumam ser mais apaixonados que os outros.

Assim, os três tipos mencionados resolvem suas diferenças de maneiras diversas.

Haveria algo em comum nesses três tipos diversos que seja o ingrediente responsável pela felicidade? Sim, e é muito simples. Quando há *cinco vezes* mais momentos positivos juntos do que momentos negativos, seu casamento tem mais probabilidade de ser satisfatório.[17]

---

[17] GOTTMAN, John, ph.D. **Why Marriages Succeed or Fail**. New York: Simon & Schuster, 1994, p. 32-57, adaptado.

Que acha disso? Se você está agora num relacionamento, qual o grau positivo comparado ao negativo? Entrar num casamento em posição de vantagem é muito melhor do que entrar com *deficit*. Minha opinião é que, se vocês não aprenderem a resolver os conflitos antes de se casar, esperem. Por que prosseguir se vocês ainda não aprenderam a cultivar a harmonia? Esta é uma aptidão que qualquer um pode desenvolver, mas a hora de aperfeiçoar é antes de entrar num compromisso.

Disposição e intimidade

O que mais você pode fazer para aumentar as chances de ter um casamento bem-sucedido? Seguir as orientações e sugestões deste livro na escolha de alguém com quem se casar é um passo inicial. Igualmente necessário é procurar aconselhamento pré-matrimonial com um conselheiro formado e reconhecido ou um pastor também formado e reconhecido.

Em um casamento saudável há uma alta dose de disposição e intimidade. As duas pessoas nele envolvidas são conscientes de seus sentimentos e necessidades. Estão dispostas a expressá-los e dizer como gostariam que fossem supridos. Não se esquivam quando surge o conflito. Antes, não se esquecem de que ambos precisam ser capazes de fazer isso. O casamento não é carregado por um só.

Aceitação

Os casamentos bem-sucedidos têm duas pessoas capazes de aceitar as imperfeições e diferenças. Aprenderam a influenciar um ao outro de forma positiva e a produzir o melhor um no outro. Os dois sabem o que pode e o que não pode ser mudado. Os tipos de personalidade e os caracteres não mudam; os hábitos de comportamento sem dúvida podem mudar. Qual é a sua habilidade nessa área?

Capacidade de falar a língua um do outro

Quando duas pessoas pretendem passar a vida juntas, têm de se comunicar de tal forma que combinem. E, visto que em muitos aspectos você se casa com um estranho, é melhor aprender a língua dele. Se existe um ingrediente principal do complexo processo de comunicação, é este: aprenda a falar a língua de seu cônjuge, e a proximidade e a intimidade que você procura acontecerão.

Por exemplo, quando vocês falam, a simples diferença entre um de vocês ser um "ampliador" e o outro um "condensador" pode causar uma rachadura entre vocês. O ampliador é alguém que emprega vários detalhes, frases descritivas, para explicar algo. Essa pessoa quer que seu parceiro faça o mesmo. Infelizmente uma pessoa assim sempre pressiona o parceiro condensador para se abrir e empregar uma multidão de frases. O condensador é um tipo de pessoa econômica com as palavras; ele pode responder com duas frases, mas em geral uma linha é suficiente para ele. Essa pessoa gostaria que seu cônjuge fizesse o mesmo. Podem sair de sintonia muito rapidamente, quando o cônjuge amplia. Se quando falassem, cada um adaptasse seu estilo natural ao estilo natural de seu parceiro, os dois poderiam reagir melhor. Vamos falar mais sobre isso adiante.

Certo dia, numa sessão de aconselhamento, um homem me disse: "Gostaria de encontrar uma mulher que me entendesse e também me acompanhasse tão bem quanto eu acompanho meus amigos homens; mas isso é impossível". Respondi: "Não, não é impossível. É bem possível, se você estiver disposto a ser flexível, perceber que você e uma mulher são estranhos, que você precisa aprender sobre as diferenças culturais entre homens e mulheres, e aprender a enxergá-las como um desafio de aprendizado que pode enriquecer sua vida em vez de considerá-las uma chatice. Se fizer isso, vocês vão se dar bem!".

Existem vários fatores que contribuem para o nosso modo singular de comunicação; entre eles, a personalidade, o sexo e o estilo de aprendizado. Quando aprenderem e aplicar o que aprenderam, a intimidade da relação de vocês vai se desenvolver. (Para informações mais completas sobre tipos de personalidade, diferenças sexuais e ajuda para aprender a falar a linguagem um do outro, veja os capítulos 4 a 9 em *How to Change Your Spouse Without Ruining Your Marriage*, deste autor com Gary Oliver, publicação da Servant Publishers.)

Os casais em que as duas pessoas são seguras do que são e não estão procurando um parceiro que seja a solução para sua autoidentidade ou problemas de autoestima, são mais felizes no relacionamento. A outra pessoa não deve ser um fator atual de preenchimento daquilo que faltava em sua vida ou do que faltava entre você e um de seus pais quando você era criança ou adolescente. Não se esqueça de que você não vai ter um casamento feliz com a outra pessoa se não tiver uma relação feliz com você mesmo. Seu cônjuge não é responsável por fazer você se sentir bem com você mesmo nem por construir para você uma identidade. Você alcança isso por meio de sua relação com Jesus Cristo.

Intimidade espiritual

Há mais um último ingrediente que vai estabilizar um casamento e abrir as portas para a intimidade profunda que os casais procuram. A intimidade espiritual é aquele elemento do casamento em que o coração, a mente e o espírito do casal estão abertos para o Senhor e um para o outro. Isso significa que vocês têm convicções semelhantes que são importantes para os dois, entre elas a relação pessoal com Jesus Cristo. Significa também que vocês têm liberdade para falar de sentimentos e pensamentos de como estão espiritualmente. Vocês falam de novas ideias um com o outro do que aprenderam com as Escrituras ou numa fonte de leitura. Vocês oram um com o outro e um pelo outro. Cultuam juntos. Sentem-se à vontade e íntimos na relação espiritual e no propósito de fazer de Jesus Cristo o Senhor da vida e da relação de ambos. Eu disse relação, e não casamento, porque esse aspecto de intimidade precisa ser parte essencial do progresso do crescimento da relação de vocês. Não vai acontecer natural e simplesmente logo depois que vocês se casarem. Quando isso está entretecido com o desenvolvimento da sua relação amorosa quando você pensa no casamento, passa a ser uma parte natural e integrante da relação de vocês.

UMA DEFINIÇÃO DE CASAMENTO

Há muitos outros elementos que deveriam ser mencionados no que diz respeito a fazer um casamento dar certo. Vou resumir tudo com uma definição de casamento que eu aperfeiçoei ao longo dos anos. Ela diz o que é um casamento, o que ele pode ser e mostra o necessário para que ele seja tudo o que você deseja: "Um casamento cristão é um compromisso total de duas pessoas com a pessoa de Jesus Cristo e de um com o outro. É um compromisso em que não há impedimento de nada. O casamento é uma promessa de fidelidade mútua em todas as áreas. É uma parceria de subordinação e servidão mútuas".

Um casamento cristão é semelhante a um solvente, uma libertação do homem e da mulher para serem eles mesmos e se transformarem em tudo quanto Deus pretende que sejam. O casamento é um processo de refinamento que Deus usa para nos tornar nos homens ou nas mulheres que ele quer que sejamos.

Será que o casamento ainda é algo que você deseja? Se é esse algo, talvez seja necessário mais do que você imagina. Guarde na mente esta última reflexão:

> O verdadeiro sucesso nunca é uma realização fácil. Os casamentos felizes e satisfatórios são produto de extremo empenho. São desejados, procurados, planejados e luta-se por eles. Eles jamais acontecem *simplesmente*. Os casais quase sempre reclamam comigo que o casamento deles *simplesmente* faliu. De repente, eles já não se amam mais... simplesmente perderam o interesse no marido... apaixonam-se por outra pessoa ou pela profissão e a carreira. Se a experiência me ensinou alguma coisa, é esta: Nada acontece *simplesmente*... quer seja bom, quer seja ruim.
>
> Os casamentos saudáveis seguem uma estrada... uma estrada planejada. Ninguém precisa planejar o fracasso. Ele pode acontecer sem planejamento... e normalmente acontece. Mas vocês TÊM de planejar o sucesso do casamento.[18]

[18] HARVEY, p. 44.

2

"Tenho medo de ter um relacionamento"

Você se lembra de quando viu alguém do sexo oposto e pensou que era o máximo? Foi no ensino fundamental? Talvez tenha sido no ensino médio ou na faculdade. Toda vez que você o via, seu coração disparava e você sentia um nó no estômago. Você queria conhecer essa pessoa. Queria marcar um encontro com ela. Mas como?

Você começou a planejar.

Perguntou aos seus amigos sobre essa maravilhosa pessoa. Descobriu os horários das aulas dela e o caminho que fazia para chegar à escola, e você, por acaso, começou a andar por aquele caminho. Talvez você tenha descoberto onde essa pessoa trabalhava e ia até lá três vezes por dia, comprava um Big Mac e batatas fritas, só para conseguir vê-la. Como, porém, você poderia ter coragem para marcar um encontro ou dar a entender que estava disponível? Nunca! Quando se falava nisso, você gelava. Suas ideias não entravam em acordo com sua boca. Você congelava de medo. E se a pessoa dissesse não? E se ela risse de você? E se ela contasse para todo mundo e todos rissem de você? E se... e se... a confusão da cabeça de um adolescente. Você ficou tão contente quando isso acabou!

Entretanto, você apenas *pensou* que tinha acabado. As pessoas na faixa dos 20, dos 30 e mais velhas que isso vivem o mesmo estado de confusão. Isso se chama medo.

Muitas pessoas solteiras vivem numa prisão do medo autoimposta. Tenho visto inúmeras delas que encontraram a pessoa "certa", mas se sentiram impedidas de dar aquele importante passo do casamento, por causa do medo. Algumas deixaram que o medo se transformasse no ditador da vida delas.

Todos nós temos uma sensação de medo quando estamos em busca de um novo relacionamento. Por quê? Porque isso implica riscos. Talvez você tenha medo de ficar sozinho pelo resto de sua vida, mas, quando vai em direção a um relacionamento duradouro, tropeça em outros medos. Entre esses medos, podem estar o medo de intimidade, medo da dependência, medo de perder a independência, medo da rejeição, medo de compromisso, de não dar certo, de cometer erro, entre outros. Uma mulher declarou: "Acho que tenho medo de que, se me casar, eu descubra algumas coisas em mim que eu jamais soube que existiam, e não vou gostar disso!".

A preocupação não manifestada de muitos solteiros foi escrita anos atrás por John Powell: "Tenho medo de contar a você quem sou, porque você pode não gostar de quem sou, e isso é tudo o que tenho". Talvez o denominador comum dos vários temores seja o medo da dor. Nós nos tornamos bons especialistas em inventar desculpas. Muitos de nós aprenderam a usar uma forma de máscara para manter esse último vestígio de distância no seu lugar. Alguns usam a negação; outros, o trabalho. Alguns viram palhaços; outros usam o intelecto.

Que tipo de medo em relação a relacionamentos vive em você atualmente? É um nível normal de medo ou está dominando a sua vida? Não fomos criados para ser dirigidos pelo medo, mas, sim, para seguir em frente na vida pela esperança. Como você completaria esta frase: "O que eu mais temo numa relação é ...."?

MEDO DE COMPROMISSO

Vamos estudar um tipo de medo que está no cerne de um casamento duradouro — o medo do compromisso. Ao que parece, esse medo é o oposto de outro que a maioria de nós experimenta — o medo da rejeição. Alguns indivíduos têm medo de que talvez venham a ser bem-sucedidos demais. Consideram que o compromisso carrega consigo a perda da liberdade e responsabilidades demais. Como alguém verbalizou: "E se eu conhecer alguém melhor depois que estiver casado? Nesse caso, estarei preso!" ou "E se a pessoa com quem eu me casar não for quem eu pensava que ela fosse? E então? Eu não quero cometer um erro".

Blaine Smith propõe quatro níveis em que em geral o medo do compromisso ocorre. Talvez você tenha testemunhado ou vivido isso de alguma forma. Algumas pessoas fazem um drama, equiparam a saída rápida de um relacionamento que está amadurecendo a uma fuga da prisão. A pressão da ideia de confinamento as empurra para um ato de pânico que demonstra pouca ou nenhuma consideração pelos sentimentos da outra pessoa.

Outras pessoas manifestam seu medo com um tipo de relação "ligar de novo, desligar de novo". Quando o compromisso se desfaz, elas se sentem à vontade com o relacionamento de novo. No entanto, à medida que caminham em direção ao compromisso, as dúvidas começam novamente a dominar a mente dessas pessoas, e logo elas se retiram.

Algumas pessoas têm um senso de insegurança constante porque o medo que têm do compromisso equipara-se ao grau de desejo que têm de se casar. O relacionamento é sério, mas as conversas sobre casamento em geral se situam no reino de uma "possibilidade". A decisão sempre está simplesmente fora de alcance. A palavra *acaba mantendo* o casal envolvido, mas, se a relação for além de determinado nível, a pessoa fica paralisada pelo medo. A infelicidade é que esse tipo de relacionamento pode se estender durante anos.

O último nível é a apreensão normal. Nessa situação, o desejo de se casar supera o medo do compromisso. Esse medo pode ajudar você a ter uma visão dura e clara do relacionamento e tomar medidas que possam ser passos positivos de amadurecimento.[1]

No que diz respeito a tornar uma relação permanente pelo compromisso, o germe sutil do "e se" começa a nos invadir a mente. "E se eu me sentir atraído por outra pessoa depois que me casar?"; "E se essa não for a vontade de Deus para a minha vida?; "E se eu me comprometer e a relação não der certo?"; "E se eu me comprometer e me magoar?". Intermináveis perguntas do tipo "e se" afastam muitos casais do compromisso e da intimidade que ajudam a construir um casamento forte.

Tim Timmon e Charlie Hedges falam sobre três dos principais medos de compromisso. Em primeiro lugar, vem o medo de dar amor sem receber amor em troca. Todos nós queremos receber amor na mesma medida que o damos. No casamento, dar sem receber é muito doloroso.

---

[1] SMITH, M. Blaine. **Should I Get Married?**. Downers Grove: InterVarsity Press, 1990, p. 190-197, adaptado.

Segundo, o medo de ser usado e levar vantagem é um inibidor do compromisso, principalmente depois de a pessoa amada dar informações pessoais sobre ela.

Em terceiro lugar, um dos mais paralisantes medos que impedem o compromisso é o do abandono. O abandono é a forma máxima de rejeição. Qualquer pessoa que já tenha sido abandonada tem sempre à espreita no fundo da mente o medo do abandono, impedindo compromissos futuros.[2] Você já encontrou sua definição?

Se você está vivendo o medo do compromisso, faça uma lista de todos os itens daquilo que acha que vai desistir ou perder quando se casar. Faça uma avaliação desses itens. Será que você vai abrir mão deles completamente? Passe um tempo lamentando o que vai perder. Diga adeus a todos eles e em seguida dê as boas-vindas a tudo o que você vai ganhar.

MEDO DA REJEIÇÃO

O medo da rejeição nos mantém em estado de cautela e defesa. Ele dói, mas às vezes nós deixamos que ele doa demais.

Kay era uma pessoa muito sensível. Havia sofrido rejeição no lar em que fora criada e em alguns relacionamentos com homens. Quando conversamos, ela me relatou a extensão de seus sentimentos:

> Eu não gosto do jeito que sou. Sei que sou exageradamente sensível. Quando marquei a consulta, até fiquei me perguntando se o senhor me aceitaria como cliente. Depois, quando cheguei de manhã e o senhor estava três minutos

---

[2] TIMMONS, Tim; HEDGES, Charlie. **Call It Love or Call It Quits**. Fort Worth: Worthy Publishing, 1988, p. 122-128, adaptado.

> atrasado para a consulta, os velhos sentimentos de rejeição começaram a vir à tona. Não era o senhor, mas a minha sensibilidade. Sinto isso toda vez que alguém muda de planos comigo ou discorda do que penso ou do que quero. Toda vez que alguém não concorda com o que eu quero, eu começo a me sentir rejeitada. E então fico com raiva por dentro.
>
> Quando namoro um homem e me preocupo com ele, fico ainda mais sensível a qualquer indício de rejeição. E, quando me sinto rejeitada, "pego pesado" e exijo amor e aceitação de alguma forma. Isso o espanta e o põe porta afora! Quando isso acontece, me sinto péssima. Sei que fui eu que provoquei a rejeição, mas não sei o que fazer!
>
> Não reajo ao medo da rejeição apenas dessa forma. Às vezes me sinto completamente inibida com um homem, por isso me afasto. Tenho medo de expor meu verdadeiro "eu" e ser rejeitada. Meu afastamento também produz rejeição, porque ele me enxerga como uma verdadeira incompetente para lidar com o sexo oposto. Não consigo dizer a ele que me preocupo com ele e preciso muito da atenção e da aceitação dele. Por isso, fico sem ele. E mais uma vez com raiva! É quase como um círculo vicioso. E eu não sei como sair dele!

Kay estava certa. Isso se transforma de fato num círculo vicioso, e é bem frequente. Se você vive com o medo da rejeição, você espera isso. O medo aumenta sua necessidade de aceitação por parte dos outros. Por outro lado, você tende a se comportar de uma forma que impede os outros de aceitá-la. Eu vejo isso ocorrer de duas maneiras. A pessoa é tão fechada, restrita, tímida, que é preciso um aríete para abrir essa porta; ou ela fica tão exigente e controladora que expulsa a pessoa amada de sua vida. Em qualquer das duas situações, o resultado é a rejeição, e o medo passa a ser uma profecia que se cumpre por si só.

Quando sofre rejeição, você se magoa. Em geral, essa mágoa transforma-se em ira. E o que acontece se você manifesta essa ira? Rejeição. Sua ira fica reprimida, o que alimenta o medo; e, assim, o comportamento logo se repete. Isso impede a relação de ir adiante.

Alguns de nós somos particularmente sensíveis a qualquer indício de rejeição. Por causa dessa tendência, a rejeição é manifesta em declarações e atos, mesmo quando ela nem existe. Vivemos com os fantasmas da rejeição. Toda rejeição que vivemos no passado torna-nos hipersensíveis ao que está ocorrendo no presente. A dor de rejeições anteriores permanece conosco e contamina as relações atuais. Infelizmente algumas pessoas foram tratadas como fardos inaceitáveis e indesejados quando eram mais novas. O sentimento de rejeição na infância pode ser consequência de ditos pejorativos ou de falta de apoio físico ou verbal. Quando um indivíduo é rejeitado na infância, ele é mais suscetível e sensível à mágoa na idade adulta.

Phil cresceu num lar em que todos eram voltados para o trabalho e muito ocupados. Não havia intimidade emocional, contato afetivo nem demonstração de interesse pelos filhos. Seus pais ocupavam-se com a vida deles somente e mostravam pouquíssimo interesse pelas realizações escolares de Phil. Quando era adolescente, Phil começou a se perguntar por que sua família não era próxima dele e por que ninguém tinha muito interesse por ele. Queria saber o que havia para que os pais não gostassem dele. Eles não eram mesquinhos nem abusivos com ele. Eram educados e corteses, estéreis nas reações. Phil me relatou:

> Eu jamais consegui entender por que eles eram tão distantes. Éramos uma família unida, mas parecia que estávamos há quilômetros de distância. Então eu comecei a

> querer saber se havia algo de errado comigo. Eu me sentia como se fosse um fardo para eles, apesar de sempre proverem às minhas necessidades. Eles jamais disseram que eu era um fardo, mas era assim que eu me sentia.
>
> Por causa dessa experiência da minha infância, eu sempre fui muito cauteloso quanto a me aproximar de alguém. Talvez haja algo de errado comigo, e eu não consiga enxergar. Às vezes tenho devaneios, e até sonho à noite, em que os outros me rejeitam. Nos meus relacionamentos com mulheres, sou muito precavido quanto ao envolvimento. Tenho medo de que elas façam o que meus pais fizeram: ignorem-me. Para mim, ser ignorado magoa da mesma forma que se alguém me dissesse: "Você fede. Não presta pra nada. Não gosto de você e não quero você". Os velhos nunca me disseram isso exatamente, mas as atitudes deles me faziam sentir como se tivessem dito.
>
> Se conheço uma mulher por quem me interesso, começo a me perguntar: "Será que ela vai gostar de mim ou me querer de verdade?". Eu prefiro esperar que uma mulher demonstre interesse por mim e me procure. É mais seguro. Não gosto de procurá-las porque, se elas não me quiserem...

Vamos encarar os fatos. Você vai experimentar rejeição quando procurar alguém com quem compartilhar a vida. Mesmo numa relação duradoura, de vez em quando há rejeições. Quanto mais somos dependentes de aprovação, maior o nosso medo da rejeição. A rejeição, porém, não é o fim do mundo, mesmo quando acompanhada de dor. Quando a rejeição ocorre, é muito comum que surja em nós a tendência de desenvolver pensamentos negativos em nossa mente, e nós passamos a dizer: "Deve haver algo de errado comigo. Eu não sou 'isso ou aquilo' ou devo ser... demais", e nós passamos a ser nosso melhor (ou pior) crítico.

Pense sempre nisto. Quando você é rejeitado, a pessoa que o rejeita está fazendo uma declaração sobre você ou essa declaração tem mais a ver com ela mesma? Realmente existe um problema com você ou o problema é da outra pessoa? O que aconteceria se você começasse a supor isso em vez de ter um ponto de vista negativo a seu respeito? A rejeição talvez seja desagradável, mas ela não precisa destruir sua autoestima nem sua autoconfiança. Você vai sobreviver a isso.

Se você vive com medo de rejeição, talvez esteja funcionando com memória seletiva que precisa ser canalizada em outra direção. É possível que você dê destaque exagerado às ocasiões em que sofreu rejeição em vez de se concentrar em todas as vezes em que teve aceitação. Não seria o caso de você estar se rejeitando de alguma forma? Quanto mais fazemos declarações de rejeição, negativas, sobre nós mesmos, mais vemos as outras pessoas fazendo isso conosco. Será que não é o caso agora? Às vezes essa tendência nos faz reagir aos outros de uma forma tal que eles podem nos rejeitar. Nós mesmos nos denunciamos.

Existem algumas atitudes que você pode tomar se a rejeição acontece. Lembre-se sempre de que, quando de fato alguém reage a você com rejeição, talvez seja porque essa pessoa teve um dia ruim. Pode ser que ela tenha interpretado mal a sua reação; ou essa pessoa pode ser alguém altamente crítico e ferido. Talvez o problema seja da outra pessoa. Pode ser também que não seja culpa sua nem do outro. O incidente que o fez sentir-se rejeitado aconteceu simplesmente por algum motivo não explicado. Ser rejeitado não significa necessariamente que você fez ou disse algo errado. Não significa que o defeito é seu.

Se você cometer um erro que pode causar rejeição, não sofra antes do tempo. Equilibre seus sentimentos concentrando-se nas muitas vezes em que você foi bem-sucedido. Olhe seu pequeno deslize no contexto do lado positivo da sua vida. Pôr isso no papel, em lugar de apenas pensar nisso, vai resultar em um impacto maior em você.

A crítica e a rejeição de alguém especial o pode perturbar somente na medida em que você dá crédito à reação desse alguém. Você pode alimentar essa crítica ou pode ir em frente. Sim, a rejeição machuca e é desconfortável; mas evite a reação do hipopótamo: não mergulhe nos seus sentimentos de rejeição. Recuse-se a acreditar que uma rejeição vai levar a outras, ou que seu mundo está caindo. Em vez disso, assuma o controle da situação quando ela ocorrer e transforme o negativo em positivo reagindo com coragem. Se a crítica é válida, encare-a como tal.

Quando você for rejeitado, tenha em mente que a outra pessoa não tem nem o direito nem a capacidade de julgar seu valor e sua dignidade como pessoa. Não permita que as reações negativas determinem seu valor. As pessoas não são especialistas na sua dignidade; Deus é. Gosto do que o dr. David Burns diz acerca de aprovação e reprovação:

> É fato que a aprovação causa bem-estar. Não há nada de errado com isso. É natural e saudável. Também é fato que a reprovação e a rejeição em geral têm gosto amargo e desagradável. Isso é humano e compreensível. Todavia, vocês estarão nadando em águas profundas e turbulentas se continuarem acreditando que a aprovação e a reprovação são o padrão correto e definitivo com que se mede seu valor.[3]

Quando se vive com o medo da rejeição, vive-se com pressupostos baseados em emoções. As emoções ditam aquilo em

---

[3] Burns, David. **Feeling Good**. New York: Signet Books, 1980, p. 258.

que se deve acreditar em relação a fatos e relacionamentos. Elas lhe dizem que você vai ser rejeitado e que você *é* rejeitado. Neutralize esses sentimentos com fatos verdadeiros. A menos que você se comporte de maneira que o faça ser rejeitado, na maior parte do tempo você não será rejeitado. Quando, porém, você for rejeitado, não pense que é culpa sua.

Eu tenho sentido rejeição. Tenho sentido rejeição de alguém que não gosta do meu discurso, do que eu escrevo, do meu aconselhamento. Já tive ideias rejeitadas, e eu pessoalmente já fui rejeitado por outra pessoa. Sofri rejeições na minha época de procurar namorada. Não gosto disso. Na verdade, é tão desconfortável sentir-se rejeitado que eu sempre me pergunto por que alguém iria querer viver com o *medo* da rejeição.[4]

MEDO DE INTIMIDADE

Outro medo que nos impede de querer casar é a proximidade que a intimidade produz, principalmente a proximidade emocional. Isso é irônico porque a intimidade elimina a dor da solidão. Como disse alguém: "Eu quero isso, mas os custos são muito altos".

Ao longo dos anos, conforme venho aconselhando solteiros, tenho descoberto que um dos motivos para evitar a intimidade emocional é a baixa autoestima. Quando você se critica constantemente, é provável que tenha medo de que outra pessoa siga seu exemplo e o critique também. Como me disse uma mulher: "Quando um homem começa a ficar mais íntimo, eu corro. Eu sei que ele vai começar a se tornar crítico a meu respeito.

---

[4] WRIGHT, H. Norman. **Afraid No More**. Downers Grove: Tyndale, 1989, p. 76-77, adaptado.

Estou cheia de ser criticada. Não preciso de suas críticas". E o medo de enxergar a própria crítica vir por meio de outra pessoa o mantém bloqueado. Se você quiser ser acessível a outra pessoa e viver o amor e a intimidade, tem de se aceitar e amar a você mesmo. Isso é possível, pelo que Deus é e pela maneira com que ele nos considera.

É raro encontrar um homem que não tenha conflitos com a intimidade. Os homens amam os benefícios da intimidade, mas em geral não querem comprometer-se com o trabalho que a intimidade implica. Embora poucos admitam, a maioria dos homens tem medo da intimidade, e esse medo reflete-se no modo com que eles se relacionam com a esposa, a família e os amigos.

Por que os homens evitam a intimidade? Veja algumas das respostas deles, que refletem justificativas, e não razões verdadeiras.

> "Os homens são assim mesmo. Não somos íntimos como as mulheres são. Talvez elas não gostem disso, mas é assim que é para nós homens."
>
> "Não conhecemos nada diferente. Está muito bom para nós."
>
> "Se a gente se abrir e falar dos sentimentos, os outros vão tirar vantagem de nós. Assim é seguro."
>
> "Não se pode ser machão e sensível ao mesmo tempo. Isso não funciona e, de qualquer forma, eu não saberia aprender."
>
> "Falando com bastante franqueza, eu simplesmente não sei ser íntimo no emocional. Não tenho palavras para isso, o vocabulário para falar do que as mulheres querem ouvir. E, quando tento, pareço um idiota. Quero ser vencedor, não um perdedor. Portanto, não vou tentar."
>
> "O principal motivo por que não consigo ser íntimo é que, quando tento, minha mulher passa a ser o juiz que diz se eu

manifestei um sentimento verdadeiro ou não. Eu tentei *mesmo* me abrir e ser próximo quanto ela pede, mas deve haver uma lista de regras sobre sentimentos e intimidade em algum lugar que só as mulheres conhecem. Do ponto de vista dela, eu jamais acertei. Então, por que tentar?"

"Eu não sei se vou ou não me sentir à vontade para dizer tudo a ela. Seu eu fazia alguma coisa que a deixava nervosa, ela usava isso contra mim. Ela contou algumas coisas às amigas que acho deviam ter ficado somente entre nós dois. Isso magoa. Não acho que as mulheres tenham bom senso no que diz respeito a conversas particulares."

Uma preocupação importante para os homens no que diz respeito à intimidade com as mulheres é a confiança. Alguns tiveram experiências ruins depois de se abrir com a mulher da vida deles. Em *quem* eles podem confiar? Muitos homens acreditam que as mulheres percebem as informações de modo diferente e falam em público o que os homens consideram pessoal.

Outra preocupação dos homens tem origem na questão do controle. Quando um homem fala de seus pensamentos e sentimentos pessoais a fim de se aproximar de alguém, em potencial, ele está dando a essa pessoa capacidade de influência sobre ele. Esse indivíduo pode usar as informações que ouviu tanto *para* o bem-estar dele quanto *contra* seu bem-estar. É um risco?[5]

As mulheres também lutam com o medo de intimidade. Há algumas razões por que a mulher pode temer um relacionamento íntimo. Uma delas já foi mencionada — o medo da rejeição. Ao que parece, esse problema está no cerne de muitos medos. Irene era uma jovem divorciada que estava tentando se ajustar novamente à vida de solteira. Um dia, ela se queixou comigo:

---

[5] WRIGHT, H. Norman, p. 54-56, adaptado.

> Eu me derramei nessa relação durante quatro anos. Não escondia nada, achando que minha abertura faria o relacionamento funcionar. Não funcionou. Eu me senti abandonada quando ele saiu da minha vida. Eu dei, e ele tomou. Então me senti deixada para trás. Por que me preocupei tanto? Por que me abri tanto? Quanto mais íntimo se fica de alguém, mais se fica magoado quando se é abandonado por essa pessoa. Eu era muito próxima do meu pai, e então, quando ele morreu aos 43 anos, foi como se parte de mim tivesse morrido também. E isso aconteceu apenas um ano antes de Jim me dizer adeus. Se você os ama demais, eles a matam emocionalmente quando se vão. Nunca mais.

Sim, magoa quando um relacionamento íntimo se desfaz. Entretanto, quando não há intimidade e proximidade numa relação, há uma *chance ainda maior* de se dissolver a relação! Quando você se isola, protegendo-se do outro, pode dar ocasião ao que mais teme — o abandono. A coragem de correr o risco da intimidade pode produzir uma tremenda realização na vida tanto do homem quanto da mulher. Em geral, podemos prever no aconselhamento pré-nupcial a potencial evolução da falta de intimidade num casamento. É o principal fator no processo de criação de vínculos, e, quando falta um ingrediente, o vínculo não ocorre.

As mulheres também lutam com o medo da perda da identidade numa relação de intimidade com um homem. Apesar de, em geral, as mulheres incentivarem a intimidade e se sentirem mais à vontade com a intimidade do que os homens, algumas têm medo de perder o senso de independência e autonomia se elas se aproximarem demais dos homens. Tenho visto esse medo com muita frequência.

Todos nós precisamos de nosso espaço particular, nossa privacidade, individualidade. Isso é normal. No entanto, algumas mulheres têm medo de que um homem exija proximidade e a convivência torne-se um dreno de energia para ambos. Elas têm medo de que o outro invada demais a vida delas. Em alguns casos, se o homem é suscetível e revela seus sentimentos mais profundos, tanto os negativos quanto os positivos, ela teme que ele possa ser fraco e incapaz de lhe dar a atenção que deseja.

MEDIDAS PARA SUPERAR O MEDO

O que você pode fazer com seus medos? O primeiro passo é encarar e aceitar o fato de que, de alguma forma, o medo pode estar controlando sua vida. E, se for o caso, identifique que medos são esses. Faça uma lista deles e em seguida avalie cada um numa escala de 0 a 10 para descobrir a intensidade deles. Zero indica que não existe o medo, 5 é um medo que está na média, e 10 é um medo intenso. Faça-se a seguinte pergunta: "O que estou fazendo para manter esse medo vivo na minha vida?". Talvez você se surpreenda com a resposta. Converse sobre seu medo com um amigo de confiança e que possa ajudar você. Faça uma lista das consequências de viver pelo medo ou de ser alguém que se arrisca. Encare seu medo fazendo aquilo que você teme. Isso quebra o poder do medo. Consulte a Palavra de Deus para orientação, sabedoria e controle de seus medos. Uma das minhas passagens prediletas é o salmo 37. Começa assim: "Não se aborreça", e essas palavras se repetem mais adiante no capítulo. O dicionário define "aborrecer-se" como "sentir aborrecimento, desgosto, contrariedade, incômodo, irritação, raiva, mau humor etc.".

Toda vez que ouço essa palavra, eu me lembro da cena que via todos os anos quando caminhava pelo Snake River, no Grand

Teton National Park, do Wyoming. As famílias dos castores vivem pelas margens do rio, e eu sempre via árvores roídas[6] em vários estágios pelo chão. Algumas tinham anéis leves no tronco, onde os castores tinham começado a roer. Outras tinham vários centímetros de casca comida, e outras já haviam caído ao chão porque os castores tinham roído o tronco todo. A preocupação e o medo têm o mesmo efeito sobre nós. Eles vão gradativamente corroendo-nos até que nos destroem totalmente. Além disso, nos impedem de ter o amor que queremos desenvolver num relacionamento.

Além de recomendar que não nos aborreçamos, o salmo 37 nos dá alternativas positivas para a preocupação. Primeiro, o texto diz: "Confie (apoie-se; conte com; e tenha fé) no Senhor [...]" (v. 3). Confiar é questão de não procurar uma vida independente nem lidar com as dificuldades sozinho. Significa buscar força numa fonte maior.

Segundo, o versículo 4 diz: "Deleite-se no Senhor [...]". Deleitar-se significa regozijar-se, ter prazer, em Deus e no que ele fez por nós. Deixe Deus suprir a alegria de sua vida.

Em terceiro lugar, o versículo 5 diz: "Entregue o seu caminho ao Senhor [...]". Entregar é um ato claro de vontade e implica deixar as preocupações e ansiedades com o Senhor.

Por último, o salmo recomenda: "Descanse no Senhor e aguarde por ele [...]" (v. 7). Isso significa submeter-se em silêncio ao que Deus ordena, mas ficar na expectativa e estar preparado para aquilo que ele vai fazer em sua vida.

---

[6] O autor destaca a palavra *fret* (aborrecer) de Salmos 37.1, da *NVI*, que, no inglês, tem entre sinônimos o verbo "roer". Por isso, a ilustração das árvores roídas pelos castores [N. do T.].

Você já se perguntou: "Por que Deus registrou na Bíblia tantas vezes a expressão 'não tema' quando ele conhece nossa tendência de ser criaturas temerosas?". Os "não temas" de Deus não passam de outra maneira pela qual ele provê para você. Deus não quer que sua vida seja uma faina. O medo faz isso com ela. Deus não quer que você seja movido pelo medo, mas pela esperança. Ele dá a você essa esperança quando diz: "Não tema".

Você pode ser uma pessoa livre sem transigir quanto ao que você é por medo dos outros. A vida é um risco, mas o risco oferece uma ótima oportunidade de aprender a viver pela fé. O medo não será mais a força dominante na sua vida se você se recusar a deixar que ele o seja. Sua imaginação é uma das melhores dádivas de Deus para você. Use-a! Sua imaginação pode gerar medo, ou pode ser um veículo para trazer a paz e a tranquilidade de Deus para sua vida. O profeta Isaías disse: "Tu, SENHOR, guardarás em perfeita paz aquele cujo propósito está firme, porque em ti confia" (Isaías 26.3). Se o casamento faz parte de seus sonhos, não deixe que o medo venha a ser o companheiro de sua vida no lugar de uma pessoa especial. Se permanecer solteiro é sua opção, que seja assim, porque é a vocação de Deus para você, e não porque você tem medo.

3

Se você ainda não se recuperou: espere!

"Faz três anos que aconteceu o rompimento. Você não acha que agora eu posso entrar em um novo relacionamento sem ser assustada pelos fantasmas? Eu me sinto paralisada emocionalmente a cada novo relacionamento por causa do que aconteceu no último. Sei que fui magoada, mas quando isso vai acabar bem!? Acho que estou bem, mas, quando me envolvo emocionalmente com alguém, a mágoa e a ira voltam correndo. E adivinha em quem descarrego!".

É duro recuperar-se de uma relação rompida. Quando se está apaixonado por alguém que corresponde ao sentimento, é uma maravilha. Quando, porém, isso não ocorre, é o fim do mundo para algumas pessoas. Há momentos em que você se pergunta: "Será que algum dia isso vai ter cura?". Pode ter sido uma relação duradoura, um noivado ou um casamento que terminou. Todos causam muita dor, principalmente se você foi a pessoa rejeitada. E, se houver filhos da relação, talvez nunca haja uma separação completa. De alguma forma, você estará ligado a esse indivíduo pelo resto da vida.

Quando uma relação se dissolve, você enfrenta a morte — a morte dos sonhos, das esperanças, das aspirações, bem como do que você de fato tem na própria relação. Você está perdendo uma história e uma parte da sua vida. Mesmo que seja você quem está terminando a relação porque não gosta mais da outra pessoa, ainda existe a morte, apesar de misturada, talvez, com o sentimento de alívio.

Em praticamente todos os rompimentos, cada um vai desempenhar um papel diferente. Um é o que rejeita, o outro é o rejeitado. O que rejeita pode sofrer tanto quanto o rejeitado. Isso pode parecer estranho, mas não tem tanto a ver com o lado em que você está, mas, sim, com quem investiu mais emocionalmente na relação. Esse indivíduo é que sofre a maior perda, não importa como a relação termine. Será que as mulheres sofrem mais num rompimento do que os homens? Não necessariamente. Homens e mulheres sofrem de maneiras diferentes, assim como costumam passar pelo luto de modo diferente.

Homens e mulheres costumam ver os relacionamentos de forma variada. Os homens, por exemplo, não costumam definir a autoestima pelo sucesso ou fracasso de uma relação, enquanto as mulheres costumam dar mais ênfase à qualidade do relacionamento. As mulheres costumam sofrer por mais tempo e com mais intensidade, bem como são tendentes a se criticar mais pelo que ocorreu. Têm o costume de se perguntar: "Onde foi que eu errei?".

Por que este capítulo é importante para você, já que ainda está procurando outra pessoa? Não se pode entrar numa nova relação, saudável e, quem sabe, permanente, se ainda há muita energia emocional voltada para a relação anterior.

Talvez você ache que está se recuperado e até pode estar... e, de novo, pode não estar. Alguns indivíduos não se recuperaram, mas não têm consciência disso até que se veem envolvidos num novo relacionamento. Então vem o golpe. E o inesperado lhes vira a vida de cabeça para baixo. Descobrem que não se libertaram completamente.

TRÊS PAPÉIS NA RECUPERAÇÃO

Quando um relacionamento acaba, há na verdade três papéis diferentes desempenhados pelas duas pessoas envolvidas. Nos seus relacionamentos anteriores, você pode ter vivido esses três papéis. Um dos papéis é conhecido como o "rejeitador de boa vontade". Nessa posição, a pessoa se divorcia emocional e intelectualmente da outra pessoa, seja um casamento, seja um namoro. Isso ocorre lentamente, como uma emoção sutil, ou de repente, como a erupção de um vulcão. Quando você rompe uma relação, seu comportamento passa a ser coerente com suas ideias. Pelo fato de estar no controle do que está acontecendo, sua recuperação talvez seja mais rápida do que se você fosse o rejeitado. Você é quem teve mais tempo para se preparar para essa decisão e essa tomada de posição. Sua maior dor, e mesmo culpa, talvez seja ver a dor que a ex-pessoa amada está sofrendo.

Algumas pessoas acabam sendo "rejeitadores relutantes". Quando isso ocorre, a dor e a inquietação do que rejeita podem ser iguais às do rejeitado. Alguns disseram: "Isso é loucura. Eu me sinto vilão e vítima ao mesmo tempo. Como é possível?". É verdade. Você pode se sentir dilacerado. Você foi quem terminou a relação, e isso explica por que se sente um vilão. Entretanto, se você ainda ama a pessoa com quem terminou a relação, também se sente a vítima. É como se o seu alívio com o fim do relacionamento fosse superado pela dor emocional da experiência vivida.

Às vezes o que o leva a um rompimento é já estar se sentindo, de um jeito ou de outro, rejeitado pela outra parte. Seu namorado ou cônjuge talvez esteja envolvido com outra pessoa enquanto ainda está com você, ou talvez esteja sendo consumido pelo trabalho ou pelos esportes. Às vezes o consorte tem um *affair* com coisas e atividades, não necessariamente com outra pessoa. Algumas vezes seu ato de rejeitar a outra pessoa é uma tentativa de despertá-la para que a relação ainda possa ser salva. Já vi isso ocorrer quando o parceiro era consumido pelo trabalho; envolvido demais com a família dele; envolvido com drogas, alcoolismo, pornografia etc.

A dificuldade de ser o "rejeitador relutante" é o sentimento duplo de esperar que a relação acabe para você fugir da dor, mas também esperar que dê certo. Você vive a culpa e a tristeza ao mesmo tempo ou alternadamente. Isso dificulta a tomada de decisões. É difícil conciliar o papel de vítima e vilão, quando se é os dois. Muitas vezes acaba-se retornando para a companhia da pessoa, durante um tempo, na esperança de que aquilo que o impeliu a deixá-la não exista mais. Tenho visto casos de namorados e até cônjuges que voltam e vão embora, voltam e vão embora, várias vezes durante um período de alguns anos; mas em geral a relação não melhora. Já vi também uma série de separações conjugais serem refeitas e darem certo; isso, no entanto, acontece porque há maior investimento emocional num casamento que numa relação de namoro. Há mais a perder na dissolução de um casamento.

No rompimento de uma relação, a vítima clássica é na verdade o "rejeitado", já que ele não tem controle sobre o que está acontecendo. Às vezes há indícios de que isso pode acontecer, e você se preocupa. Ou você pode estar ignorando os sinais óbvios. Contudo, repito, você pode estar alheio, e o choque é ainda maior. Um conhecido meu me contou que, certa vez, a mulher dele propôs que eles fossem jantar e, no meio da refeição, ela o informou de uma forma bem objetiva que o casamento deles de trinta e dois anos estava acabado e que ela estava dando entrada ao processo de divórcio no dia seguinte. Isso caiu como uma bomba sobre ele, pois não havia nenhum indício de dificuldade nem de insatisfação dela. Nos anos seguintes, ele ficou arrasado emocional e financeiramente. Foi um choque e uma rejeição total. Quanto mais alto o nível de desconhecimento e de subtaneidade de um rompimento, maior o choque e a dor vivenciados. Você não só perde a pessoa de quem ainda gosta, mas também perde uma parte de você, sua autoestima.[1]

Qual dos três papéis você desempenhou durante esses anos: o de rejeitador de boa vontade, o de rejeitador relutante, ou o de rejeitado? Existe um comportamento padronizado? Se existe, o que ele diz acerca de seu relacionamento? Qual desses papéis você tem desempenhado ultimamente? Numa escala de 0 a 10, onde você se encontra agora no caminho de sua recuperação?

QUANTO TEMPO DURA O SOFRIMENTO?

"Quanto tempo, Norm? Quanto tempo essa dor vai durar? Quanto tempo vai demorar para eu me restabelecer? Quando os pensamentos, os sentimentos e as lembranças irão embora para eu poder prosseguir com a minha vida?" Ouço essas

---

1 GULLO, Stephen, ph.D.; CHURCH, Connie. **Love Shock:** How to Recover from a Broken Heart and Live Again. New York: Bantam Books, 1988, p. 63-75, adaptado.

perguntas constantemente, porque trabalho com muita gente que, de alguma forma, está sofrendo o luto pela perda de um relacionamento. Não tenho certeza se posso dar uma resposta correta, pois as estimativas variam. Sabemos, por exemplo, que, quando se perde um ente querido próximo pelo que se chama de morte "normal", o tempo médio de restabelecimento é de cerca de dois anos. Para uma morte acidental, são três anos. Os autores de *Letting Go*, um livro que trata de recuperação de corações partidos, acreditam (com base em entrevistas com aqueles que sofrem de depressão, sentimento de falta de adaptação e perda de autoestima) que o tempo médio que leva para o funcionamento normal retornar e as lembranças assustadoras desaparecerem é em geral de metade do tempo que a relação durou. Isso significa que quem passou pelo rompimento de um casamento ou de uma relação de quatro anos demoraria dois anos para se recuperar. Não tenho certeza de que isso possa ser usado como orientação, uma vez que cada relacionamento, cada pessoa e cada situação são únicos. Talvez seja certo a pessoa não se envolver durante o luto e no caminho da recuperação. Os autores de *Letting Go* também declaram que, seguindo os princípios propostos, os sintomas mencionados desapareceriam em três meses.[2]

Dois outros autores definiram o estado em que se fica depois de um rompimento como "choque de amor", que é em essência uma mistura de entorpecimento, desorientação, vazio e uma confusão de vários sentimentos relacionados. É semelhante a uma reação crítica ou ao luto por algum tipo de perda. Eles dão a entender que para a maioria das pessoas leva cerca de um ano

---

[2] WANDERER, Zev, Dr.; CABOT, Tracy, ph.D. **Letting Go**. Dell Books, 1978, p. 11-12, adaptado.

para se completar a experiência do "choque de amor", mas não é incomum demorar mais tempo.[3]

Acho que uma boa regra prática nesse caso é que, quanto mais se aprende a lidar com a crise e quanto mais conhecimento se tem das perdas da vida e do luto, mais apto se está para a recuperação.

O QUE ACONTECE QUANDO ESTÁ TUDO ACABADO?

Quando uma relação estreita termina, uma parte sua quer tentar um novo relacionamento. Outra parte, porém, diz: "Esqueça! Não vale a pena!". Você tem medo de que o passado recorra e sua nova relação também acabe num rompimento doloroso. Ou fica com medo de sempre sentir a perda e a dor do rompimento anterior e jamais ser capaz de poder amar novamente. Esse medo se intensifica toda vez que você revive o rompimento. Toda vez que você revive a experiência na sua lembrança, a marreta emocional o acerta de novo. Eu até já ouvi gente dizendo que achava que ia enlouquecer nessa fase.

O medo de reviver o passado paralisa o processo normal da construção de outro relacionamento. Esse medo gera hesitação do indivíduo para investir energia, amor e transparência num novo relacionamento amoroso. Você se pergunta: "E se acontecer de novo?". Muita gente que tem medo de ir em frente e ter um novo relacionamento também tem medo de ficar sozinha, sem ninguém para amar. Entretanto, quando você se lança num relacionamento cedo demais, o contamina e evita tratar o anterior. Você se vê encurralado entre o medo de amar de novo e o medo de jamais ser amado de novo. Parece que isso é mais intenso quando se é o rejeitado num divórcio.

---

[3] GULLO; CHURCH, p. 26, adaptado.

Há outras emoções que alimentam o medo de amar de novo. Uma delas é a culpa — a sensação de que você falhou com você, com seus ideais, com o Senhor, ou com a outra pessoa, principalmente se havia envolvimento sexual e/ou vocês moravam juntos. Às vezes você pensa: "Perdi quatro anos da minha vida!". Essa culpa pode existir quer você seja a pessoa *rejeitada*, quer a que *rejeitou*. A culpa mal resolvida prejudica a autoestima, e autoestima baixa produz medo maior. Se você se sente culpado por um relacionamento rompido, é importante identificar se os sentimentos baseiam-se na realidade (como, por exemplo, romper um compromisso ou agir de forma irresponsável com a outra pessoa) ou na imaginação (assumir a culpa por algo que não era de fato responsabilidade sua). Tenho conhecimento de muitas consequências dolorosas de rompimentos. O noivo de uma moça terminou com ela e se casou com a irmã dela. Como você imagina que ela se sentiu? Outra mulher jovem estava namorando um homem de 50 anos que era louco por ela. Um dia, ele a apresentou ao filho dele de 28 anos. Cinco semanas depois, ela e o filho dele estavam casados.

Quando o rompimento ocorre, você sente falta da relação que teve um dia. Para alguns, essa falta se transforma numa obsessão que domina cada momento da vigília. Nada tem sentido enquanto essa relação não é restaurada. Há pessoas que são dependentes de outra. Isso se chama amor obsessivo. É a crença de que essa e somente essa pessoa mágica pode satisfazer as necessidades desse tipo dependente. Para compensar a dor, alguns começam a ter encontros de uma noite ou a comer como se a comida fosse acabar ou passar a ser racionada. É muito raro conseguir a restauração de um relacionamento, fazendo-o voltar exatamente ao que ele era. A sensação de estar fora de controle é particularmente devastadora, já que não há nada que se possa fazer. Pode-se implorar, suplicar, oferecer suborno, ameaçar suicídio, e coisas do gênero, tudo inutilmente. Nada parece funcionar, nada irá funcionar e nada funciona. Você se sente abandonado, desamparado, traído e completamente sozinho.

ESTÁGIOS DA RECUPERAÇÃO

Como o luto que vivemos quando um ente querido morre, os estágios por que você vai passar para se recuperar de uma relação perdida são previsíveis. Esses estágios constituem o processo normal e saudável da recuperação. Se a cura for completa, você terá algumas cicatrizes emocionais, mas nenhuma ferida aberta. Tenho conversado com algumas pessoas que ainda têm feridas supuradas de um relacionamento de mais de quinze anos. Isso é triste. Se você não passar pelo luto, não vai se recuperar. É preciso deixar que a relação morra, termine. Se você não deixar isso acontecer, vai ficar andando por aí carregando um cadáver, que, com o tempo, vai começar a cheirar mal.

Não se esqueça de que os estágios identificados aqui variam de extensão e intensidade, dependendo da duração e da força do relacionamento. Quando o rompimento não é ato nem desejo seu, a consequência é ainda mais intensa.

Normalmente há seis estágios pelos quais você vai passar quando um relacionamento amoroso se romper. A dor maior será sentida nos três primeiros estágios. Pode esperar por isso. À medida que passa por esses estágios, cada um por sua vez, a intensidade de sua dor vai diminuindo; mas pode atacar de novo quando menos você esperar. Quanto mais longe você seguir pelo caminho, menos medo vai sentir. A pior coisa é permanecer estagnado num estágio e não completar o processo.

Alguns desses estágios se entrelaçam, e talvez você ande para lá e para cá entre eles durante um tempo. Isso é bem normal. Faz parte do processo de cura. Por isso, quando você passar para o estágio seguinte, não se deixe abater quando o estágio anterior reaparecer.

Primeiro estágio: choque. Quando perde um relacionamento amoroso pela primeira vez, você se sentirá perplexo e arrasado com o choque. Em uma crise, isso se chama estágio de impacto. Mesmo quando o rompimento da relação ou o divórcio era previsto, a concretização dele tem um efeito singular. Quase sempre há a sensação de entorpecimento. Algumas pessoas ficam incapacitadas de realizar suas atividades cotidianas; é difícil até comer e dormir. Nesse estágio, você vive pelas emoções.

Quer você consiga identificar, quer não, vai sentir um medo imenso de ficar sozinho ou de ser abandonado para sempre. Contudo, você tem de viver esses sentimentos a fim de passar pelo processo de cura. Nessa fase, você vai precisar da companhia de outra pessoa, quer você queira tê-la por perto, quer não. A simples presença de outra pessoa pode ajudar a aliviar o medo da solidão.

Segundo estágio: luto. O estágio do luto talvez seja longo, porque inclui chorar a perda daquilo que vocês compartilhavam e do que *poderiam ter compartilhado*. Nesse período, pode haver ira, que, de alguma forma, precisa ser manifestada. Talvez você sinta raiva de você mesmo, de Deus e da pessoa que não entende seu sofrimento. Talvez você fique deprimido com a relação rompida e a falta de esperança em relações futuras. É possível que você enxergue todos os homens, ou todas as mulheres, do mesmo ponto de vista. Para passar pelo luto e seguir adiante, você tem de aceitar o fato de que o relacionamento acabou. Você reconhece que a pessoa amada se foi e agora se sente vazio.

Quando a relação terminada é o divórcio, essa é a hora em que certos "mitos acerca do divórcio" levantam a cabeça e mostram a cara. O primeiro deles é: "Ninguém entende". É o sentimento de que a sua situação é tão exclusiva e incomum que é inconcebível que alguém consiga entender. É importante perceber que aqueles que passaram por isso entendem, sim, cada aspecto do processo. Entendem a sensação de abandono, de culpar a si mesmo, de culpar a outra pessoa, de raiva, culpa, angústia lancinante e dor.

"Eu vou morrer" é a sensação predominante. Enxerga-se tudo através dessa lente. No entanto, como relatou alguém: "Eu sofri muito nessa época? Sim. Queria ter morrido? Sim. Será que eu desejava morrer? Não".[4]

Muita gente vive uma paranoia leve. Frases como "Todo mundo está falando de mim", "Eu sou o assunto das conversas", "Sei que eles estão me evitando" e "Ninguém quer ficar perto de mim" são ditas com frequência. Infelizmente a pessoa sempre acredita que essas afirmações, e outras ainda piores, em algumas igrejas sem amor e de visão estreita, são sempre verdadeiras. A sensibilidade emocional é aumentada nesse período, e é comum ficar inibido e inseguro.

Outros mitos comuns dos divorciados são: "Todo mundo me odeia", "Deus me odeia", e "Ele está muito insatisfeito comigo". Essas ideias simplesmente não são verdade. Deus odeia o divórcio, mas não odeia a pessoa divorciada. Quando as pessoas reagem contra você de forma diferente, não é porque você tenha algum defeito. Talvez elas estejam constrangidas por não saberem o que dizer. Afinal, quem de nós já recebeu instruções sobre

---

4 Brock, Anita. **Divorce Recovery**. Fort Worth: Worthy Publishing, 1988, p. 20, adaptado.

como se comportar diante de alguém que está passando por um relacionamento rompido![5]

Além desses pensamentos, uma gama inteira de sintomas pode começar a residir em você. Outro tipo de pensamento obsessivo começa a fazer você prisioneiro. É um sinal de apego ao relacionamento.

1. Você providencia "encontros acidentais" com a outra pessoa.
2. Seu pensamento é consumido pela outra pessoa.
3. Você fica prestando atenção no telefone e sai correndo para atender quando ele toca.
4. Você ouve músicas tristes e pensa que elas falam de você e da pessoa que você perdeu.
5. Você acha que vê a ex-pessoa amada ou o carro dela em toda parte.
6. Você quer entrar em contato com a ex-pessoa amada, mas tem medo da rejeição.
7. Você segue pessoas ou carros achando que é a pessoa que você perdeu.
8. Você passa muito tempo pensando na pessoa, criando planos do que dizer ou como ter a pessoa de volta, ou querendo saber se o que ela disse quando vocês estavam juntos não era verdade.
9. Você só sabe que esse relacionamento foi o melhor que já teve. Algumas pessoas até enviam presentes não desejados e mal recebidos, telefonam constantemente, passam de carro pelo trabalho ou pela residência da pessoa, aparecem sem se anunciar ou até perseguem o outro! É triste,

[5] Brock, p. 19-23, adaptado.

mas alguns vão mais adiante: desistem da cruzada de ter a pessoa de volta e partem para a vingança. A vingança substituiu o amor.[6]

Que outras ideias você tem? Talvez seja bom fazer uma lista delas e tomar medidas para pô-las para descansar.[7]

Parar de pensar é um passo necessário para que a realidade tenha oportunidade de ganhar um ponto de apoio na sua vida de novo. Se você se encontrar nesse modo de vida derrotado, vai precisar acabar com esses pensamentos, sentimentos e comportamentos obsessivos. Se reduzir um deles, os outros acompanharão. Isso significa nada de ligações, nada de aparecer sem avisar, nada de presentes, nada de cartas etc.

Quando você tem pensamentos que continuam voltando sem cessar, há esperança. Eles *podem* ser expulsos da sua vida. Há duas medidas determinadas a tomar. Primeiro, ore em voz alta, falando de sua preocupação e mencionando especificamente o que você quer que Deus faça com seus pensamentos. Segundo, leia em voz alta as passagens a seguir, que falam de como nós podemos controlar nossa vida mental: Isaías 26.3; Efésios 4.23; Colossenses 3.1,2; 2Coríntios 10.5; Filipenses 4.6-9.

Outra maneira de lidar com esses pensamentos é um pouco violenta. Identifique um dos pensamentos mais persistentes ou perturbadores, aquele que surge em sua mente com mais frequência que qualquer dos outros. Escolha um momento em que você esteja bem calmo. Diga a frase ou as frases em voz alta, sem

---

[6] FORWARD, Susan, Dr. **Obsessive Love**. New York: Bantam Books, 1991, p. 48, 76, adaptado.

[7] WANDERER; CABOT, p. 27-28, adaptado.

gritar nem ficar com raiva, se puder. Se não puder, tudo bem. Com o tempo você vai conseguir fazer isso. Quando disser a última palavra da frase (por exemplo: "Como ela pôde ser tão mentirosa e *desleal*?"), bata um livro ou uma régua de forma bem barulhenta sobre a mesa ou apenas bata palmas. Repita a frase e vá produzindo o barulho de novo, cada vez que pronunciar uma palavra do pensamento fastidioso. Com o tempo, esse pensamento vai ser interrompido antes mesmo que você comece a pronunciá-lo. Quando isso acontecer, agradeça a Deus por tirar esse pensamento da sua vida.[8]

Terceiro estágio: culpa. Sentimentos de culpa, acompanhados de ira, poderão surgir contra seu ex-cônjuge, ex-noivo ou ex-namorado — ou até contra você mesmo. Nesse estágio, seu comportamento pode surpreender você enquanto tenta se livrar desses sentimentos. Suas ações talvez não se harmonizem com seus costumes anteriores. Talvez você comece a apresentar comportamentos compulsivos, como comprar ou comer desenfreadamente, abusar do álcool ou até ter conduta promíscua. Não é incomum as pessoas tomarem decisões ruins nessa fase. O medo da rejeição, do isolamento ou da inadequação leva alguns a agir de modo contrário a seu sistema de valores.

Fred era um homem de 35 anos, cuja esposa se divorciou dele para casar com o patrão. Fred ficou arrasado com o divórcio, mas aos poucos começou a namorar de novo. Entretanto, sempre se dava completamente mal nos novos relacionamentos.

Um dia Fred explicou:

> Acho que ainda estou com raiva da Irene por ela me ter deixado. Entretanto, não tem jeito de eu conseguir fazê-la

[8] Wanderer; Cabot, p. 97-100, adaptado.

> pagar pelo que me fez e não consigo parar de ter raiva dela. Talvez seja por isso que esses novos relacionamentos não estão indo para a frente. Gosto das mulheres que namoro, mas não as trato bem. Fico com raiva delas e quase sempre sou rude com elas. Esse não sou eu! Acho que, quando dirijo minha ira contra essas outras mulheres, estou tentando receber minha mulher de volta. E isso não é bom para elas nem para mim. Acho que tento magoá-las primeiro, porque tenho medo de que me magoem como minha ex-mulher me magoou. E eu não quero ser magoado assim de novo!

Felizmente Fred teve a perspicácia de imaginar o que ele estava fazendo e no final passou para o estágio seguinte.

Nos estágios de luto e culpa, alguns erros comuns podem impedir a recuperação. É muito fácil generalizar depois de um relacionamento rompido. Toma-se uma crença ou experiência isoladamente e procura-se aplicá-la à vida como um todo. Quantas vezes ouvi meus aconselhados dizerem: "As mulheres todas só pensam em dinheiro"; "Os homens todos são perdedores"; "Todos os homens são animais sexuais"; "As mulheres são cheias de emoções; elas não conseguem raciocinar". Essas generalizações são paralisantes.

Um erro frequente é cair na armadilha de viver pela profecia que se cumpre por si só. Quem sabe você já tem ouvido ou lido isto: "Nunca vou encontrar ninguém mais. Estou parado na vida. Agora serei sempre solteiro". Essa convicção errônea nos cega e impede que enxerguemos as possibilidades à nossa volta. Ela produz em nós a atitude e a aparência de derrotados. Nossa profecia de cumprimento próprio diz mais a respeito de onde estamos vindo do que a respeito do lugar para onde estamos indo.

Essas profecias não fazem mais do que corroer e prejudicar os relacionamentos.

Outro erro do relacionamento rompido que costumamos transferir para o novo é um conjunto de expectativas nada realistas. Empregamos palavras como "deve" e "tem de" e, quando as coisas não ocorrem de acordo com nosso rígido conjunto de crenças, perpetuamos uma vida de decepção. Usamos expectativas para nós e para os outros:

> "Tenho de ser perfeito para que alguém me ame."
>
> "Se eu não atender a todas as necessidades dele, ele não vai me amar."
>
> "Se ela se preocupa comigo, vai... e não vai..."
>
> "Se ele me fizer lembrar o meu ex-marido ou ex-namorado, não valerá a pena ficar com ele."

Mergulhar e chafurdar em autocomiseração é uma armadilha emocional que quase sempre acompanha uma relação rompida. Todavia, permitir-se a autocomiseração bloqueia a recuperação e impede que as outras pessoas se aproximem.

Uma das reações mais destrutivas é não ser capaz de se olhar no espelho. Um dia, um homem fez a seguinte declaração no meu consultório: "Norm, eu não consigo me encarar depois do que aconteceu na minha vida". Às vezes essas pessoas são mais bem definidas como "corredoras". Estão constantemente ocupadas e fazendo coisas para evitar lidar com sua situação e seus sentimentos. Elas não querem se encarar. Os comportamentos comuns são trabalhar sem cessar, jogar, sair toda noite, dormir, ver TV e, ainda pior, consumir álcool e drogas. A vida frenética e atarefada é tão ruim quanto a existência recolhida e letárgica.[9]

---

[9] Brock, p. 39-45, adaptado.

Um erro muito comum cometido tanto para vencer a dor da perda quanto para revidar a ofensa é "amar por vingança". Só por raiva, a pessoa ferida entra em um novo relacionamento prematuramente. Essa vingança pode se manifestar de três formas diferentes.

Uma das manifestações é entrar numa nova relação tão somente para fazer ciúme ao outro. Gasta-se uma tremenda quantidade de energia nessa abordagem porque fazem-se planos e preparações para que o "ex" veja o novo casal.

Outra variante da modalidade amar por vingança é agir para com a nova pessoa de sua vida da maneira com que você era tratado pela anterior. Se a história de vocês incluía maus-tratos, e você era a vítima, agora a mesa virou. Se havia manipulação, agora, para não se magoar de novo, essa passa a ser sua arma de defesa.

A última variante do amor por vingança é alimentar uma relação em que você está no controle a fim de que ninguém mais o possa o controlar e ferir novamente. Nesses três estilos de vingança, porém, tanto você quanto a nova pessoa acabam feridos, infelizes e insatisfeitos.[10]

Existe um meio melhor de esgotar essa ira. A vingança não funciona nem um pouco. O ressentimento nos pune mais que a outra pessoa porque quase sempre esse outro indivíduo não tem conhecimento da intensidade de nossos sentimentos.

A ampliação também é uma das armadilhas e erros que ocorrem depois de um relacionamento rompido. Você começa a pensar na pessoa que perdeu e se convence de que ela está tendo o melhor momento da vida dela enquanto você está vivendo sem esperança e ânimo. Você se sente limitado e reprimido, enquanto

---

[10] GULLO; CHURCH, p. 99-109, adaptado.

tem certeza de que a ex-pessoa amada está vivendo a vida em toda a plenitude. A principal expressão de seu vocabulário é: "Ela talvez esteja...".

A ampliação pode facilmente produzir martírio — se você permitir. Todos têm uma escolha quanto ao modo com que vão reagir.

Quarto estágio: adeus. Esse estágio é sempre difícil de enfrentar, pois implica intencionalidade. Se esse estágio for ignorado ou desprezado, não haverá recuperação nenhuma. Essa fase ocorre quando você finalmente reconhece: "Acabou; essa pessoa está fora da minha vida, e eu tenho de seguir em frente". Tenho visto muita gente ficar estagnada no limiar desse estágio, às vezes durante mais de um ano. Algumas parecem ir adiante; contudo, três semanas depois, estão fazendo as mesmas perguntas e as mesmas afirmações sobre uma reconciliação que jamais acontecerá. Elas não estão dispostas a dizer o adeus final.

Como dizer adeus? Todo relacionamento precisa de algum tipo de discurso encomiástico fúnebre. É preciso primeiro enfrentar seus sentimentos.

Vamos analisar a ira e o ressentimento. Talvez o primeiro passo para superar a ira e o ressentimento seja fazer um registro e identificar a mágoa, a ira e o próprio ressentimento. Um divorciado escreveu:

> Estou com tanta raiva de você por suas mentiras e infidelidades!
>
> Estou ofendido com o fato de ter tido de pagar sua pensão alimentícia. Deveria ser o contrário, pelo que você fez.
>
> Estou ferido com sua traição, para comigo e para com nossos votos nupciais.

> Estou com raiva porque você ficou com as crianças e elas estão sendo influenciadas pelo seu modo de vida abjeto e sem princípios morais.

Em geral, quando uma pessoa começa a fazer uma lista desses ressentimentos, os sentimentos e as mágoas enterrados começam a vir à tona. Essa lista é para seu uso próprio e não deve ser mostrada para ninguém mais além de Deus. Não é uma experiência fácil. Talvez cause muito esgotamento emocional.

Depois de ter feito a lista, entre num quarto e coloque duas cadeiras, uma de frente para a outra. Sente-se numa delas e imagine a ex-pessoa amada sentada à sua frente e ouvindo o que você está falando. Anote cada nome da lista numa ficha ou faça um quadro. Leia sua lista em voz alta com o tom e a inflexão de voz que registrem o que você está sentindo. Não se preocupe em revisar o que está dizendo. Apenas exteriorize. Algumas pessoas guardam a lista durante dias, fazendo acréscimos à medida que as coisas lhes vêm à mente. Outras acham proveitoso sentar e falar daquela forma várias vezes para reforçar a drenagem dos sentimentos negativos. Não se surpreenda se você se surpreender sentindo raiva, deprimido, enérgico, envergonhado ou ansioso. Quando tiver concluído seu momento de exteriorizar, passe alguns minutos em oração falando desses sentimentos com Deus e agradecendo a ele a compreensão do que você está vivendo e a presença dele em sua vida, ajudando-o a superar esses sentimentos.

Para se libertar e seguir adiante na vida, há ainda mais um passo na renúncia de sua ira e do ressentimento. Ele se chama perdão. Ninguém pode dizer quando ele vai ocorrer. Você não pode apressá-lo, pois é um processo que leva tempo.

Quase todos nós temos nossos conjuntos de razões para não perdoar o outro. Nós nos opomos a deixá-lo sair da situação como ela estava. Uma da formas de deixar o perdão ter espaço em sua vida é identificar as objeções que você tem para perdoar a pessoa que tanto o magoou. Pegue uma folha de papel em branco e escreva uma saudação na parte de cima. Escreva o nome da pessoa com quem a relação foi rompida. Por exemplo: "Querida ______,". Abaixo da saudação, escreva: "Eu a perdoo por __________". Em seguida, complete a frase mencionando algo que a pessoa fez que ainda o magoa ou o irrita. Depois, guarde a primeira ideia que vier à sua mente depois de escrever a frase. Pode ser um sentimento ou pensamento que na verdade contradiz o perdão que você está tentando manifestar. Pode ser uma refutação ou um protesto ao que você acabou de escrever. Continue escrevendo: "Eu a perdoo por ______" e acrescente declarações para todos os pensamentos ou sentimentos que vierem à tona.

Sua lista pode encher uma página ou até duas. Não se desanime se seus protestos irados contradisserem a ideia de perdão ou forem tão duros e veementes que deem a impressão de que você não manifestou perdão nenhum. Você está no processo de perdoar a pessoa; portanto, continue escrevendo até que todos os bolsos do ressentimento estejam vazios. Repito: não mostre essa lista a ninguém, mas use uma cadeira vazia, leia a lista em voz alta como se a pessoa estivesse sentada nessa cadeira e ouvindo você.

A seguir, é apresentada uma amostra do que uma mulher escreveu ao ex-marido dela, que pedira o divórcio.

> Caro Jim,
>
> Eu o perdoo por não estar disposto a falar de seus sentimentos comigo.
>
> *Não, eu não o perdoo. Ainda me sinto traída por você. Você era de um jeito quando namorávamos; mas depois mudou assim que nos casamos.*

Eu o perdoo por me evitar quando eu queria falar sobre nossos problemas.

Ainda estou com raiva de seu silêncio.

Eu o perdoo por não ter tentado fazer nosso casamento dar certo.

Por que você não tentou mais? Nós teríamos conseguido!

Eu o perdoo por ficar sentado vendo TV quando eu queria sair e me divertir.

Ainda é difícil eu compreender por que você não quis ficar comigo.

Depois de reconhecer que essas eram suas principais mágoas, ela continuou escrevendo essas "declarações de perdão" todo dia, durante uma semana, até que não tivesse mais rejeição nem queixas. Quando isso ocorre, está começando o perdão.

Outra maneira de fazer isso é tirar apenas um dos itens de que você se ressente e escrevê-lo várias e várias vezes no papel, relacionando cada contestação que vier à sua mente, até poder dizer e repetir: "Eu perdoo você por ______", várias vezes, sem que nenhuma objeção venha à sua mente. Isso o vai tirar da condição de viver no passado para levar você a viver no presente.

Quem sabe algumas definições no dicionário do verbo "esquecer" possam dar alguma noção da atitude e reação que você pode escolher? *Esquecer* significa, entre outras coisas, "deixar sair da memória; perder da lembrança... pôr de lado; desprezar; procurar não se lembrar". É algo que não acontece por acontecer. Você tem de ter a intenção, o propósito.

Nós somos capazes de perdoar porque Deus nos perdoou. Ele nos deu o excelente exemplo de perdão. Permitir que o perdão de Deus permeie nossa vida e nos renove é o primeiro passo na direção da plenitude.

Em resposta à pergunta: "Como saber que perdoamos a pessoa?", Lewis Smedes certa vez disse: "Você perdoou alguém quando, no seu coração, começou a desejar que essa pessoa esteja bem". Quando podemos orar por aquela pessoa e pedir as bênçãos de Deus sobre ela, nós já a perdoamos. Entretanto, reitero: isso é gradual e pode demorar meses ou anos para agir no coração e na dor do rompimento.

Para completar seu ato de perdão, talvez seja proveitoso registrar por escrito uma declaração de liberdade a seu "ex". A mulher mencionada anteriormente, que lutava para perdoar o ex-marido, é um bom exemplo do que pode ocorrer na superação da dor do passado. Ela disse na sua declaração de liberdade:

> Caro Jim,
>
> Eu o libero da responsabilidade que dei a você de acabar com o que eu vinha sentindo por causa do divórcio. Jamais entendi tudo o que aconteceu para você ser do jeito que era e talvez jamais entenda. Não importa agora. O que importa é eu o libertar da amargura e do ressentimento que tinha de você nos últimos três anos. Eu o liberto de minhas expectativas de quem e do que você devia ter sido. Eu o perdoo.

Quer seu relacionamento anterior tenha sido matrimonial, quer não, quer tenha terminado em divórcio ou morte quer em rompimento, um passo positivo é escrever uma carta de despedida. A que segue é um exemplo de carta que um homem escreveu para a sua falecida esposa quando ele estava pronto para se casar novamente. Veja o que ele disse:

Carta de despedida

Querida Chrissie,

Quero me casar de novo. Eu não queria esperar e escrever uma carta do tipo "Querida Chrissie, eu me casei de novo"!

Você sabe que eu a amava quando estava viva e vivíamos juntos. Eu ainda a amo? Sim e não. Sim, eu ainda amo a pessoa que um dia conheci; aquela que está na minha memória. Mas, Chrissie, você não está mais aqui. Eu não posso dizer "Eu amo você", porque eu não tenho nenhum "você". Guardo com carinho uma lembrança, mas não posso amar essa lembrança. Sinto saudade de você? Sim. Queria poder ver você de novo? Claro. No entanto, eu sou uma pessoa e só posso amar outra pessoa.

Se estivesse aqui, eu a apresentaria a Emily. Ela é atraente, gentil, inteligente, e tem um ponto forte que eu admiro. Ela também é muito afeiçoada a Aimee e Katie. Ela as trata com carinho, tão bem quanto você tratava — embora elas não a considerem a figura de autoridade que você era!

Tenho muita saudade de você, e também da nossa pequena Christine mais que alguém — até você — jamais imaginou. Por favor, mantenha-a aquecida e a ame como só você pode. Eu vou amar Katie e Aimee como só eu posso agora.

Outro passo nesse processo é dessensibilizar os lugares e locais. Tenho conversado com pessoas que mudaram de emprego, evitavam restaurantes e os pontos prediletos de recreação, e até mudaram de igreja, porque todos esses lugares eram lembranças dolorosas do que haviam vivido antes. Isso, porém, é permitir que a outra pessoa controle e domine sua vida. É essencial que você volte a todos esses lugares e assuma o controle deles. Talvez vocês passassem as férias em lugares especiais antes do divórcio e você queira voltar a eles, mas o medo o impede. Leve um amigo chegado ou um parente com você. Entregue esse lugar a Jesus Cristo em suas orações e peça a ele que leve embora a dor desse lugar. Volte ao restaurante ou à igreja. Faça disso uma ocasião especial e peça a bênção de Deus sobre o local e a ocasião. Quanto mais você se mantém longe, maior o seu medo e sua aversão. Voltando aos lugares, você atenua a dor.

É comum escrever uma carta de amor no estágio de construção de um relacionamento. É raro escrever uma carta para encerrar um relacionamento; contudo, essa prática pode encerrá-lo definitivamente. Essa carta de final de romance é aquela em que você reúne todos os seus pensamentos, inclusive a ira, os apelos, as justificativas, as preocupações e as desculpas. Escreva todos eles numa carta, mas não a envie. Esse projeto pode prosseguir por vários dias, ou pode ser uma ocorrência única. Inclui encerrar seus sonhos não concretizados com essa pessoa e o que ela estará perdendo por não ter você como parte da vida dela. É um gesto de purificação, principalmente quando você lê a carta em voz alta para uma cadeira vazia, entrega todo o conteúdo dela a Deus em oração, liberta-se da tirania desses pensamentos e dá seu último adeus. Para completar esse processo, é útil juntar lembranças e até alguns itens concretos que você ganhou dessa pessoa e refletir sobre as memórias positivas e negativas. Talvez você queira descartar algumas dessas lembranças e guardar outras.

Quinto estágio: reconstrução e *sexto estágio: resolução*. Nesses estágios, você finalmente está apto para falar sobre o futuro com esperança. Você acabou de completar sua separação da outra pessoa, esperamos que sem medos persistentes. Poderão ocorrer novas ligações saudáveis neste momento sem a ligação emocional anterior.

Em uma reunião com um grupo de comunhão de pais solteiros, pedi que vários deles respondessem à pergunta: "Qual foi a medida mais útil que você tomou para se recuperar do relacionamento rompido?". Aí estão quatro respostas diferentes que mostram a variedade de métodos.

> "Tendo uma relação com Deus, sabendo, portanto, que não estava sozinho! Minha fé me ajudou a passar por isso! Tendo um lugar para ir onde eu tinha gente com quem me relacionar e de quem obter ajuda, ou com quem expressar meus sentimentos. Tendo um lugar (seguro, saudável, cheio do Espírito) onde eu era incentivado a crescer e aprender, onde me davam instrumentos para tornar isso possível."
>
> "Eu pedia à pessoa para estar disponível para mim sempre que eu tivesse uma pergunta sobre o motivo por que a relação terminou. Ela podia responder às perguntas que eu tinha e me ajudava a entender o que tinha acontecido na mente dela. Eu chamo isso de 'processar' o que aconteceu para que eu pudesse *entender* e depois *aceitar*. Isso foi muito libertador para mim."
>
> "Eu me associei a um grupo de apoio que oferece relacionamentos positivos e seguros com cristãos que estão passando pela mesma perda que eu. Ali eu podia refletir, aprender, crescer, chorar, consolar e ser consolado. Eu experimentei amor e aceitação quando me senti incapaz de ser amado e aceito. Eu comecei a me curar e a perdoar."
>
> "Avaliando-me, eu era dono dos problemas que levaram ao rompimento. Eu participei de grupo voltado para educação a fim de preparar pessoas com instrumentos e aptidões para a recuperação."

Entretanto, precisamos nos lembrar de que pode haver três resultados de um relacionamento rompido: uma mudança para melhor;

uma mudança para pior; e a volta ao nível de vida anterior. No início do rompimento, é quase impossível conceber que as coisas mudem para melhor, principalmente se você é o rejeitado. Nos últimos estágios da crise, talvez você seja capaz de enxergar lampejos de possibilidade de uma mudança positiva. Nesse ponto decisivo de sua vida, seus juízos e decisões vão fazer a diferença no resultado. Depois disso, você pode seguir em frente.

4

"Por que não estou casado agora e o que posso fazer em relação a isso?"

Se você está solteiro (e há grandes chances de que esteja, já que está lendo este livro), por que não se casou ainda? Se deseja o casamento, por que não está casado? Quais os motivos para isso? Não me refiro às primeiras razões evidentes que saltam à mente, mas às verdadeiras razões profundas que estão no cerne de sua situação de vida no momento atual.

MOTIVOS PARA ESTAR SOLTEIRO

Confesso que sou um fazedor de listas. Parte da razão para isso é que nós raciocinamos e avaliamos melhor quando podemos enxergar nossos motivos em vez de apenas pensar neles. Talvez você se surpreenda com o que escreve, principalmente se levar alguns dias nesse processo. Reserve algum tempo e reflita sobre suas razões antes de analisar algumas das que tenho ouvido ao longo dos anos:

1. Eu simplesmente ainda não encontrei a pessoa certa.
2. Gosto de estar sozinho.

3. Não tenho tempo suficiente para me dedicar a um relacionamento. Quando terei?
4. Posso viver sem alguns dos "atributos exclusivos" do sexo oposto.
5. Não encontrei a pessoa que atende aos critérios da minha lista.
6. Acho bom ser solteiro.
7. Estou solteiro há quarenta anos. Não sei se posso ou se quero me adaptar. Talvez a outra pessoa também não queira.
8. Ainda estou passando pela recuperação do dano do meu último relacionamento.
9. Não gosto absolutamente dos cenários de namoro. Muitos lugares são um mercado de carne.
10. Não tenho certeza se já estou preparado. Preciso estar preparado.
11. Gosto da minha independência e considero o casamento uma restrição.
12. E se eu escolher um fracassado? Sou bom nisso.
13. Como mulher, tenho medo de ser dominada por um homem. Eu poderia perder a minha identidade.
14. Já me divorciei duas vezes. Sou gato escaldado.
15. E se eu gostar da pessoa e ela não gostar de mim?
16. Estou ressabiado com esse negócio de intimidade. Talvez isso não seja para mim.
17. Aonde se vai para encontrar um companheiro cristão?
18. Não consigo conciliar trabalho e namoro.
19. Será que dá para harmonizar profissão e esposa?
20. Existe alguém que seja cristão e realmente sensível e atencioso?
21. Aonde se vai para encontrar alguém bem-sucedido? Sei onde se encontram os fracassados...

22. Não existem homens fortes por aí. Se eu tiver de criar um homem ou tratá-lo como mãe, não vai valer a pena. Ainda não encontrei muitos que tenham competência doméstica, e os que têm são perfeccionistas, inflexíveis. Eu seria infeliz se tentasse viver com alguém assim.
23. As mulheres que conheci, na maior parte, são mandonas. Sim, parece que elas me aceitam de início, mas elas têm uma mentalidade de reformatório e mal podem esperar para começar a me fazer "melhorar".

REALIDADES PARA OS QUE DESEJAM SE CASAR

Se você quer mesmo se casar, há algumas condições que terão de ser satisfeitas. São as seguintes:

1. Você terá de correr riscos. (É assim que se vai em frente na vida. Lembre-se da tartaruga: ela só faz progresso quando estica o pescoço para fora do casco.)
2. Você vai se sentir magoado. (Você já experimentou isso antes e sobreviveu, não sobreviveu?)
3. Você não vai poder reproduzir seu estilo de vida de solteiro numa relação matrimonial. (Talvez você goste do que tem agora, mas o casamento e todas as suas vantagens podem ser melhores. Se você acha que eu sou um defensor do casamento, está certo. Em aconselhamento pré-nupcial, eu digo aos casais: "Vocês não podem trazer a vida de solteiros para o casamento. Vamos identificar agora as mudanças que vão precisar fazer". Cada mudança carrega com ela o potencial para o amadurecimento.)

4. Sua carreia profissional não pode receber de vocês a mesma intensidade de energia, tempo e atenção que vocês lhe dão agora. (Isso é tão ruim? Existem outras coisas na vida além do trabalho, e, se vocês estão construindo sua identidade e autoestima com seu trabalho, essa é uma oportunidade para mudar.)
5. Vocês terão de ser sensíveis um para com o outro e íntimos. (Não há nada de negativo nisso. Vai ajudar na realização do potencial que Deus deu a vocês para serem plenamente humanos.)

Se você dá mais valor a ficar sozinho que experimentar todas essas coisas, reconsidere o casamento. Caso contrário, a incapacidade de atender aos critérios mencionados aqui poderá destruir um casamento. A principal pergunta talvez seja: "O que há em sua vida, de bom ou de ruim, que esteja competindo com sua vontade de se casar?". Existe algo mais importante do que ser casado? Para você, o que pode ter uma prioridade maior? Certa vez, um homem de seus 40 anos me disse: "Sim, eu quero me casar, mas tenho de decolar nesse emprego primeiro. Só não posso fazer as duas coisas ao mesmo tempo e ser justo com ambas. Preciso me alimentar e pagar minhas contas, por isso acho que você sabe qual das duas vai ter de esperar".

Ter motivos para não se casar não é negativo. Nem todo mundo tem vocação para o casamento. Você já sonhou alguma vez com a vida de solteiro por opção?

O VALOR DE SER SOLTEIRO

Pense no que Tim Stafford disse sobre ser solteiro:

Talvez Deus queira que você fique solteiro. Ele quer que todos nós sejamos solteiros pelo menos numa parte da vida. E a Bíblia não fala do celibato como algo de segunda categoria. Na verdade, fala dele de modo positivo. Os cristãos da Idade Média foram longe demais, e o *casamento* era considerado inferior. Hoje parece que demos uma guinada e precisamos equilibrar a situação. Tanto o casamento quanto o celibato são dons de Deus.

Pense um instante num fato: Jesus Cristo, nosso Senhor, nunca se casou. Ele nunca teve relações sexuais. Contudo, ele era perfeito e perfeitamente realizado. Ele viveu o tipo de vida que nós queremos imitar. Isso não significa que devamos todos querer ser solteiros: não há dúvida de que o casamento é o melhor caminho para a maioria dos homens e mulheres. Entretanto, é preciso dizer que uma coisa é certa: o celibato não precisa ser infeliz.

Paulo não era casado, pelo menos no tempo em que desenvolveu sua carreira como apóstolo. Em 1Coríntios 7, ele recomenda o celibato, chamando-o de dádiva. (Estranho que esse seja um dom que a maioria prefere substituir por outro.) O próprio Jesus, em Mateus 19.10-12, fala positivamente sobre os motivos por que algumas pessoas devem permanecer sem se casar...

Uma das coisas que considero mais tristes é a tendência que os solteiros têm de viver como se estivessem esperando lhes acontecer algo ou alguém. Agem como se estivessem no limbo, esperando para se tornar aptos para a vida quando chegar aquele dia mágico no altar. Sem dúvida, em geral eles se decepcionam. Em alguns casos, transformam-se em péssimos exemplos da humanidade, com quem ninguém quer se casar. É mais comum eles se casarem e acabarem descobrindo que não receberam o segredo da vida: a iniciativa e o caráter que deviam ter desenvolvido antes de se casarem é exatamente

> o que eles precisam no casamento. E continuam sozinhos e frustrados [...].
>
> Nossa cultura, principalmente nossa cultura cristã, tem ressaltado repetidas vezes que um bom casamento dá trabalho. Aqueles que constituíram um "bom casamento" são vistos com admiração. Raramente, porém, ouvi alguém ressaltar o fato de que uma boa vida de solteiro também dá trabalho. Jamais ouvi alguém elogiar uma pessoa por ter criado um bom estilo de vida de solteiro. Isso torna difícil dizer a um solteiro que ele recebeu um dom; é a mesma coisa que tentar convencer uma criança de que fígado é saboroso porque é "bom para ela".
>
> A meu ver, ser solteiro não é tanto um estado a que chegamos, como se fosse uma porta aberta; é um conjunto de oportunidades posto diante de nós.[11]

Charles Cerling propõe as seguintes ideias para você decidir se é melhor permanecer solteiro:

1. Reconhecer que o celibato talvez seja por um período de tempo (por exemplo, até você completar 30 anos), e não para toda a sua vida.
2. Casar-se, porque reconheceu que é mais fácil decidir que o celibato não é para você, e descobrir, depois, que deveria ter permanecido solteiro.
3. Você é capaz de conviver com a ideia de que poderia permanecer solteiro a vida inteira?
4. É desejo seu servir a Deus enredado pela ideia de um parceiro para o casamento?
5. Você é capaz de se divertir sem sentir necessidade de vários encontros?

---

[11] STAFFORD, Tim. **A Love Story**. Grand Rapids: Zondervan, 1977, p. 91-93.

6. Você consegue fazer, diante de Deus, o voto de permanecer solteiro durante um período de tempo (por exemplo, um ano, cinco anos etc.) sem namorar a sério e viver de acordo com esse voto?
7. Você considera que as vantagens do celibato superam as vantagens do casamento?
8. Você percebe que Deus o está chamando para uma forma de serviço que seria difícil realizar se fosse casado (por exemplo, atuar em regiões violentas ou com problemas socioeconômicos ou em projetos missionários com indígenas)?
9. Você está disposto a viver com o estigma de ser solteiro, se isso é o que Deus quer?
10. Se você acha que o celibato é para você, tente permanecer solteiro durante determinado período. (Fique um ano sem namorar, consagre ao serviço de Deus o tempo que normalmente você dedicaria ao namoro.) Se não conseguir, não pense, em hipótese nenhuma, que você deixou de estar sob a graça de Deus. Você só está passando por uma experiência. Isso é semelhante a tentar ir para o campo missionário e descobrir que ali não é o seu lugar. Você ainda pode servir a Deus com eficiência onde quer que esteja. Entretanto, deve permanecer pronto a atender a um possível chamado de Deus para que você permaneça solteiro, tanto quanto está pronto a atender a qualquer outra vocação que receber dele.[12]

O que você acha dessas sugestões?

[12] Cerling, Charles. **Is Marriage For You?**: A High School Curriculum, *Marriage and Family Resource Newsletter,* v. 3, n. 6 (junho/julho 1977).

Veja as experiências que uma mulher que estava a refletir narrou em uma carta para mim:

> Minha experiência de namoro foi bem ampla, considerando o fato de que agora tenho 41 anos de idade e ainda não sou casada. Essa experiência não só é profunda, mas eu diria que também é extensa — a enorme variedade de homens com quem saí ou acabei tendo um relacionamento mais sério é bem assombrosa quando olho para trás e me lembro da variedade de características pessoais que encontrei neles.
>
> Entretanto, depois de tudo isso, eu ainda não fui motivada por nenhum relacionamento especial que me levasse a me comprometer com um homem para o resto da minha vida. Talvez isso tenha acontecido pela dificuldade de saber onde eu estava no meu amadurecimento pessoal ou por eu ainda não ter encontrado o homem com quem me deseje casar. Sou muito romântica, e vai ser muito difícil olhar para trás e descobrir que o casamento não estava nos planos traçados para mim, mas jamais estive tão pronta para aceitar a ideia como vinda do Senhor; por isso, ainda espero encontrar o homem dos meus sonhos [...].
>
> É importante encarar a realidade de que talvez o casamento não aconteça. Acho que digo isso porque tenho visto muitas de minhas amigas lutarem tanto por um marido, deixando a vida em suspenso, até se casarem, para depois perceber que ainda não estão casadas ou acabar se casando e tendo um relacionamento muito aquém de satisfatório. Depois de observar esse fenômeno durante muitos anos, decidi *viver* minha vida sem me importar com quem fizesse ou não fizesse parte dela: amigos, família, namoros, profissão etc. Há tanto para viver e experimentar na vida que eu detestaria perder tudo o que a vida oferece à espera de alguém com quem compartilhá-la. Acho que é mais compensador viver da melhor maneira que se pode, sempre esperando um companheiro, mas aprendendo a

> lidar com os sentimentos e as realidades presentes quando se está sozinho. Além disso, acho que os homens e as mulheres que resolveram de verdade alguns dos problemas gerados por estarem sozinhos, vivendo sem o intuito de manter uma relação intensa com outra pessoa, talvez venham a ser, de alguma forma, os cônjuges mais felizes e saudáveis.

Ser solteiro só é problema quando a pessoa quer se casar, mas resiste a isso e não sabe por quê. E acaba encalhada. Se você tivesse de casar no próximo ano, que mudanças ocorreriam em sua vida? Faça uma lista das vantagens e depois elabore uma lista dos pontos negativos.

Pontos positivos e negativos do casamento

Positivos	Negativos

Agora volte e examine sua lista mais uma vez. Como você poderia reconsiderar cada aspecto negativo, a fim de transformá-lo em um aspecto positivo? Pense nisso. Muitos solteiros com quem converso querem se casar. Não há dúvida disso. O problema é como procurar a pessoa certa. É isso que precisamos para estudar o que vem a seguir.

Será que a lavanderia é o único lugar para encontrar uma pessoa? Um dos professores que mais me influenciaram como terapeuta foi um psiquiatra chamado William Glasser. Um conceito que ele frisava sempre para nós era este: "Vocês têm de ter um plano para aquilo que querem evitar na vida". Fazer planos, contudo, é mais fácil para uns do que para outros. Algumas pessoas que leem este livro podem ter a tendência pessoal de considerar o planejamento uma peça desnecessária na bagagem. Atrapalha seus empreendimentos de livre iniciativa. Entretanto, é importante ter um plano mestre a respeito de onde e como conhecer outros solteiros.

Mesmo com um plano em mente, o senso de oportunidade é uma parte considerável na descoberta da pessoa certa. Conhecer a pessoa certa e se casar está mais ligado à oportunidade do que você imagina. Você até já pode ter vivido isso. Uma noite você talvez tenha encontrado o tipo de pessoa que tem procurado há anos. No entanto, não a pôde conhecer! Você encontrou essa pessoa num jantar ou recepção a que você compareceu no primeiro encontro com uma pessoa possessiva, que exigia demais sua atenção, a ponto de assustar e afugentar a outra "possibilidade". Ou você está envolvido há três meses com alguém e já começou a criar alguma intimidade; ou talvez essa pessoa especial já esteja namorando ou seja noiva de seu melhor amigo. Essas situações acontecem.

QUATRO POSSIBILIDADES DE RELACIONAMENTOS

Seus relacionamentos provavelmente vão estar numa destas quatro possibilidades: a pessoa certa na hora errada; a pessoa errada na hora certa; a pessoa errada na hora errada; ou, finalmente (e felizmente), a pessoa certa na hora certa.[13]

---

[13] Davis, Larry E., Dr. **Black and Single**. Chicago: Noble Press, 1993, p. 79-80, adaptado.

A pessoa certa na hora errada faz você pensar: "Se ao menos eu a tivesse conhecido em outro momento!". Talvez você tenha encontrado uma pessoa assim quando era jovem demais, "liso" demais ou receoso demais. Acaba pensando numa série de "e se", e essa pessoa ilusória continua ocupando seus pensamentos durante meses.

A pessoa errada na hora certa pode provocar consequências desastrosas. Isso pode ser muito doloroso se você tem esperanças muito românticas, e ela, não. Talvez você se esforce ainda mais nessa oportunidade para fazer uma relação dar certo. Às vezes você começa a se perguntar o que está errado com você. O verdadeiro problema ocorre porque o desejo de se estabilizar e se casar é tão forte que você costuma ser menos objetivo na sua análise a respeito da outra pessoa. O desejo de ser casado precede a avaliação adequada do outro. A frase "eu só queria me casar" é pronunciada com tanta força e intensidade que é evidente que o filtro foi desativado.

Já ouvi muitas mulheres dizerem: "Eu não sou mais jovenzinha. A janela da oportunidade para ter filhos aos poucos está se fechando, e eu preciso me casar nos próximos dois anos e ter um bebê logo, se não quiser perder a oportunidade. Preciso imediatamente de um homem inclinado para o casamento". Essa necessidade pode ficar tão intensa que você talvez decida se apaixonar pela primeira aventura romântica que vier pela frente. Alguns homens e algumas mulheres em situação de divórcio que atendi disseram praticamente a mesma coisa: "O que deu em mim para me casar com essa pessoa? Não era a quem eu procurava. Minha cabeça devia estar nas nuvens. Aposto que estava com tanta vontade de me casar, que peguei o/a primeiro/a que estava disponível".

Para muitos solteiros, a vida lhes parece uma mostra permanente da pessoa errada na hora errada. É particularmente difícil quando existe uma forte atração pela pessoa, mas você sabe que não é a pessoa certa para você. Felizmente a maioria dessas relações tem vida curta, a não ser que um dos dois "grude" porque "qualquer relação é melhor que nada". Às vezes, porém, tenho visto relacionamentos durarem anos, quando um ou ambos os cônjuges continuam tentando se adaptar ao outro: "Quem sabe um dia eu vou amá-lo?". Às vezes a relação se transforma em amizade platônica duradoura que, no mínimo, supre essa necessidade do casal.

Naturalmente você deseja a pessoa certa na hora certa. E isso é possível.

AUTOAVALIAÇÃO

Antes de se envolver em planos e procedimentos para encontrar a pessoa certa, há outro fator que deve ser considerado. Vamos dizer que você encontre alguém que demonstre ser um bom cônjuge em potencial — o que você tem para dar a conhecer e que possa atrair essa pessoa? Quais são suas qualidades, seus atributos, seus pontos fortes e seus pontos fracos? Às vezes nos preocupamos mais em *encontrar* a pessoa certa do que em *ser* a pessoa certa. Talvez seja útil escrever um parágrafo falando de seu valor na relação matrimonial (VRM). Isso pode mostrar a você uma base melhor para fazer sua escolha. Talvez você esteja se perguntando: "O que dizer a meu respeito?". Defina quem é você, principalmente indicando suas qualidades, seus interesses, traços de personalidade, incluindo os traços positivos e negativos.

Em outras palavras: quando você imagina o tipo de pessoa que deseja encontrar, há possibilidade de esse desejo ser atendido?

Refiro-me, particularmente, ao fato de você ser capaz de atrair ou não o tipo de pessoa que quer ter ao seu lado. Se você é uma pessoa negativa e muito crítica, quais as chances de atrair uma pessoa positiva e capaz de o estimular? Se você é uma pessoa positiva e segura, tem mais probabilidade de atrair alguém com essas características. Portanto, cultive em você o que deseja encontrar na outra pessoa.

Estas declarações que coletei a respeito do que algumas pessoas solteiras estavam buscando encontrar em um futuro cônjuge talvez o ajudem a acrescentar outros fatos importantes:

> "Quero alguém estável economicamente, que não tenha uma penca de contas a pagar e ganhe de 10 mil a 15 mil reais por mês". *Parece que a estabilidade econômica é importante, mas o que você tem para oferecer a essa pessoa no aspecto econômico? Seu desejo baseia-se no seu padrão de vida ou você precisa de alguém assim para o salvar de uma vida de endividamento? A outra pessoa teria segurança com seu status econômico?*
>
> "Quero alguém que não esteja estudando, mas ascendendo na carreira profissional. Gostaria que o emprego dele tivesse importância na sociedade e contribuísse para a vida dos outros". *Minha pergunta é: O que existe na sua vida que atraia uma pessoa assim? Você espera viver a vida de seus sonhos por meio dessa pessoa e de suas conquistas, ou você pode atender ao que exige dessa relação? A relação vai ser equilibrada ou unilateral?*
>
> "Quero uma mulher que seja muito atraente. Isso não é tudo, mas eu preciso ter alguém que me agrade os olhos. Não precisa ser nota 10; 9,5 serve". *É importante a gente gostar da aparência do outro, mas será que sua aparência física vai agradar tanto assim à outra pessoa? Você tem condições de oferecer o mesmo que espera dela?*

Antes de voltar à sua tarefa de redigir um parágrafo sobre você, há mais um fator a considerar. Você vai procurar e ser atraído por alguém que tem determinadas características. Digamos que se case com alguém estável economicamente, que tenha uma profissão de elevado valor social e humano, ou seja altamente atraente. O que vai acontecer ao seu compromisso de casamento se, depois de cinco anos de casados, seu cônjuge perder o emprego e ficar desempregado durante dois anos? Ou se ele não tiver mais o emprego com todo o *glamour* social e humanista? E se sua mulher engordar 40 quilos ou sofrer uma queimadura que desfigure 40% do corpo? Isso já aconteceu. Normalmente ninguém acredita que isso possa acontecer em sua vida; só com o outro. É algo que merece reflexão.

Talvez você esteja pensando que esse parágrafo sobre você é uma atividade de rotina, sem importância. Será que as pessoas de fato escrevem sobre elas mesmas? Sim, fazem isso o tempo todo, quer para si mesmas, quer quando estão engajadas num tipo de serviço de agendamento de encontro de solteiros. Veja alguns exemplos extraídos de uma agência de namoro cristã na Califórnia:

PARECIDO COM O NOAH WYLE

Bonito; 1,83 metro; 92 quilos; 40 anos; nunca se casou. Gosta de esportes e cinema. Tem casa própria. Disponível emocionalmente. Comunica-se bem. Procura mulher segura, de ânimo tranquilo e bom coração, disponível emocionalmente, sem impedimentos, amável e bem-humorada. De preferência, que nunca tenha sido casada; 1,50 metro a 1,70 metro; entre 23 e 33 anos. Em boa forma física, emocional e financeira.

ROMÂNTICO, BEM-SUCEDIDO, BONITO

Profissional com nível superior; 1,80 metro; 90 quilos; na faixa dos 40; musculoso; em boa forma; homem branco divorciado (HBD); sensível e brincalhão. Procura mulher alegre, amável, feliz, solícita, atraente, magra, afetuosa, segura; de 30 a 40 anos, mulher branca solteira ou divorciada (MBS/D). Foto de corpo inteiro, por favor.

VENHA ME DESCOBRIR!

MBS, 34, afetuosa, culta, divertida e amigável, (*sexy*, com curvas!), focada na carreira e autoconfiante. Gosta de dança, música, esportes de ação, família, cantar/em igreja e entretenimento/em casa. Procura homem dinâmico, autoconfiante e educado para amar. Meu tipo de homem: brilhante, ambicioso, brincalhão, bem-humorado, espontâneo, que curta pessoas, queira se casar e constituir família. Não fumante e que não use drogas.

ESCULTURAL, ATRAENTE, QUENTE

Mulher profissional de nível superior, ADS, 58 anos, 1,73 metro. Procura cristão praticante que goste de teatro, concertos, viagens, barcos, natação, caminhada e jantares. Desejável que seja alto, sem dívidas, culto, sensível, atencioso, que cuide da saúde, não fume, não use drogas e tenha metas espirituais elevadas.

Lembre-se de que essas informações foram colocadas num recurso para namoro cristão, e cada uma dessas pessoas está esperando resposta. Tenho plena certeza de que escreveram com esse objetivo. Para ajudar na objetividade do seu processo de criar um parágrafo sobre você, há duas medidas que pode tomar. Uma seria entrevistar alguns amigos íntimos e parentes que o conhecem muito bem, fazendo-lhes as seguintes perguntas:

1. Que adjetivos positivos e negativos você usaria para me definir?
2. Quais são os meus pontos fortes?
3. Quais são os meus pontos fracos?
4. O que você acha que eu tenho para oferecer a um futuro cônjuge?
5. O que você acha que eu mais preciso para fazer um casamento dar certo?
6. Defina qualidades e características de personalidade que devem ser encontradas na pessoa que, a seu ver, seria o melhor para mim.

"Isso é difícil!", talvez você proteste. Concordo. São perguntas delicadas. Muitos leitores dirão: "Esquece!", e continuarão lendo. Conhecer o ponto de vista dos outros pode provocar dor e estado defensivo. Contudo, se você de fato pedir a opinião dessas pessoas, tenha consciência de que pediu a opinião delas. Não se esqueça de que se trata do ponto de vista delas. Não é um fato. Antes de perguntar a elas, porém, leia os versículos seguintes, que talvez o ajudem: "Quem despreza a disciplina cai na pobreza e na vergonha, mas quem acolhe a repreensão recebe tratamento honroso" (Provérbios 13.18). "Como brinco de ouro e enfeite de ouro fino é a repreensão dada com sabedoria a quem se dispõe a ouvir" (Provérbios 25.12). "Quem esconde os seus pecados não prospera, mas quem os confessa e os abandona encontra misericórdia" (Provérbios 28.13).

A outra possibilidade (menos ameaçadora) é escrever seu parágrafo descritivo e pedir a essas mesmas pessoas que o leiam. Elas podem comentá-lo, acrescentar algo ou propor cortes. Qualquer que seja o método que você escolher, ele vai trazer a você informações importantes.

Não é importante apenas analisar com quem você vai acabar se casando, mas também é essencial colocar-se no lugar dessa pessoa e analisar com quem ela vai se casar. Há duas questões difíceis, mas elas têm de ser respondidas. Não se esqueça de completar as dez respostas para cada pergunta.

Por que alguém quereria se casar comigo?

1.	6.
2.	7.
3.	8.
4.	9.
5.	10.

Por que alguém não gostaria de se casar comigo?

1.	6.
2.	7.
3.	8.
4.	9.
5.	10.

O SEU "PAR PERFEITO"

Vamos analisar esse "par perfeito" que você está procurando, observando algumas questões práticas essenciais. Felizmente esse processo vai levar você a compreender melhor o que quer e o que não quer encontrar no seu cônjuge.

Entre as informações que você talvez queira ter sobre possíveis cônjuges, talvez estejam estas:

- Dados profissionais
- Atual emprego
- Empregos anteriores
- Formação e escolaridade — escolaridade extra necessária ou desejada.
- Como ele está no emprego? Promoções? Motivos das saídas dos empregos anteriores. O que acha do atual emprego? Quantidade de tempo que gasta com o emprego. Ele espera continuar nesse trabalho?
- Quem mais ele sustenta? Quanto tem de dívidas? Ele controla o talão de cheques regularmente?
- Ele já fez mais do que faz agora? Tem um plano de investimento?
- Amizades — muitas ou poucas? Prefere ter vida social ou ficar em casa?

Permita-me sugerir outras áreas que precisam ser investigadas. Talvez você mesmo queira redigir algumas perguntas para fazer.

- Experiência cristã do candidato
- Interesses e *hobbies*
- Vícios de drogas, cigarro e álcool, atuais e passados
- Relações e envolvimento familiares
- Vida emocional e características de personalidade

Você pode responder ou não a essas perguntas? Você já havia pensado nesses fatores?

Às vezes as pessoas são superequilibradas num ou noutro aspecto. Elas sabem o que não querem, mas não sabem o que realmente querem; ou sabem o que querem, mas não têm certeza do que não querem. É preciso que tenham certeza em ambos os aspectos.

Gosto de sugerir listas que tratam de três categorias: opcional, desejável, e obrigatório. A seguir, uma lista parcial para você analisar. Se quiser, pode fazer acréscimos. Não se esqueça também de que é melhor fazer essa avaliação antes de procurar um casamento do que depois de tê-lo encontrado.

	Opcional	Desejável	Obrigatório
Tem formação superior	______	______	______
É cristão	______	______	______
Desenvolve atividades ao ar livre	______	______	______
Dança bem	______	______	______
Nunca se casou	______	______	______
Não tem filhos	______	______	______
É confiável	______	______	______
É expansivo	______	______	______
É quieto/reservado	______	______	______
Tem vida de oração	______	______	______
É fã de esportes	______	______	______
É flexível	______	______	______
É atencioso	______	______	______
Tem senso de humor	______	______	______
É afetuoso	______	______	______
Quer ter filhos	______	______	______
Não bebe	______	______	______
Tem disposição para viajar	______	______	______
Gosta de pescar	______	______	______
É bom ouvinte	______	______	______
É específico na comunicação	______	______	______
Está na mesma faixa etária	______	______	______
É extrovertido	______	______	______

	Opcional	Desejável	Obrigatório
Gosta de cães			
Gosta de gatos			
Tem emprego estável			
Não tem dívidas			

Agora acrescente à lista os itens que são de alta prioridade para você e avalie-os. E responda à pergunta: "O que você quer que essa pessoa seja daqui a 10 anos, 20 anos, 30 anos?".

Alguns acreditam que podem amar uma pessoa antes mesmo de conhecê-la. A única coisa que se ama com essa crença é uma fantasia. O amor duradouro baseia-se no conhecimento de uma pessoa, não em hipóteses e sonhos. É preciso tempo e centenas de horas de conversa profunda e reveladora.

Na realidade, os padrões convencionais de namoro desperdiçam tempo e prolongam o processo de conhecimento entre os dois. Se o objetivo é encontrar um cônjuge, quando os namorados forem passar tempo juntos, devem evitar passar tempo vendo TV, filmes e peças. Devem se comunicar um com o outro em vez de permanecerem entretidos passivamente.

PRIMEIROS CONTATOS — PROCESSO DE SELEÇÃO

Certo escritor sugere que os primeiros contatos sejam empregados como um processo de seleção. A seleção tem três fases:

1. Seu primeiro passo é decidir se existe algo de especial na pessoa. Será que ela vale mais de dez minutos de conversa? Se você não tem certeza, será que vale a pena investir mais tempo para saber se sua primeira impressão revela a verdade? Se não, não perca seu tempo.

2. Os valores e as metas da pessoa são compatíveis com os seus? Imagine como os valores e metas dessa pessoa vão influenciar você durante os próximos dez anos. Você poderia conviver com eles pelo resto da vida? Se não, por que perder seu tempo?
3. O casamento é social. Seu cônjuge não se relaciona apenas com você, mas com outras pessoas também. A maneira com que essa pessoa se relaciona com os outros combina com seus padrões e expectativas? Você se sente constrangido com o que ela faz? Você tem necessidade de justificar o comportamento dela ou dar desculpas aos outros? Em caso positivo, será que você quer viver uma vida inteira assim?[14]

Alguns talvez perguntem: "Nisso tudo, onde entram Deus e seu Espírito orientador? Será que isso não é tirar a escolha das mãos dele? E a vontade dele para a minha vida?". Você já pensou que tomar essas medidas o pode capacitar para descobrir melhor a vontade divina? É uma boa possibilidade.

Talvez outras pessoas digam: "Seja realista. Se você vai encontrar alguém com quem se casar, é melhor ajustar esses padrões. A pessoa que você deseja para cônjuge existe apenas num lugar: em *sua mente!*". É verdade, você tem de ser realista, mas nossa sociedade é cheia de gente que não se casou com a pessoa que gostaria; apenas se acomodou. O problema maior é não esclarecer com antecedência o que se quer, procurando, encontrando, construindo uma relação sólida e experimentando os rigores do aconselhamento pré-nupcial.

---

[14] Adaptado de KENT, Margaret. **How to Marry the Man of Your Choice**. New York: Warner Books, 1984, p. 66, adaptado.

Depois de identificar os itens que você deve consultar, não se permita hesitar nem pensar: "Isso não é importante". Lembre-se apenas de que esse aspecto foi e provavelmente ainda é importante. Um homem de seus 30 anos contou-me uma curiosa descoberta:

> Norman, fiz minha lista do que eu gostaria, mas depois, um dia, conheci essa mulher, que não tinha nenhuma das seis qualidades que eu arrolei como "obrigatórias". Apaixonei-me por ela. A atração foi intensa. Começamos a ficar juntos, e era ótimo. Perguntei a mim mesmo por que eu não sentia falta daquelas qualidades.
>
> Seis meses depois, a atração foi enfraquecendo até que não sobrou quase nada. Foi quando eu percebi que aquelas qualidades nos teriam mantido juntos. Também descobri que se tratava de um caso de conhecer a pessoa errada na hora certa.
>
> Tive encontros românticos durante dois anos, e um dia eu e Jean nos conhecemos. Você não imaginaria onde — na fila do caixa do supermercado, quando atropelei o pé dela com o meu carrinho! Valeu a espera.

Seja paciente. Espere. Veja o que um homem compartilhou comigo:

> É como se eu tivesse esperado a vida inteira para que Deus trouxesse para a minha vida a pessoa certa para o casamento. Eu tinha esperado até a idade de 33 anos e pensava que o Senhor tinha trazido a pessoa certa com quem me casar e viver a vida. Namoramos durante quase um ano e nos tornamos o que eu considerava os melhores amigos. Agora, porém, quando olho para trás, percebo que fui muito superficial nas minhas observações e nas perguntas em geral que fiz no namoro. Eu achava que, se a outra pessoa dissesse que era

uma cristã nascida de novo, era isso mesmo que ela queria dizer. Eu não achava que tinha de olhar ou cavar mais fundo ou perguntar quais eram realmente as convicções dela.

Quando estávamos namorando, continuei passando por bandeiras vermelhas. Entretanto, eu não as identifiquei, senão depois que olhei para trás depois do divórcio e me perguntei como desconsiderei tantos sinais. Descobri também que alguns deles estavam tão escondidos no interior dela que só vieram à tona depois do divórcio.

Agora faz sete anos que me divorciei. Quando olho para trás e vejo quanto meus ideais e minhas expectativas mudaram, fico muito grato ao Senhor por não ter encontrado ninguém nem me apaixonado nos primeiros anos. Percebo que, embora eu achasse que estava preparado, não estava nem sequer perto de estar pronto para um novo casamento.

Devo confessar: era solitário às vezes, e teria sido maravilhoso ter alguém especial com quem compartilhar as coisas; mas estou satisfeito de não me ter casado ou permanecido com alguém que estivesse abaixo do que eu queria e estava procurando.

Alguns amigos me recomendavam orar, pois o Senhor iria prover. Contudo, não acho que seja tão fácil assim. Acredito plenamente no poder da oração, e às vezes as pessoas de fato encontram o cônjuge no mercado ou na escola dominical. No entanto, quando não se encontra essa pessoa nesses lugares, sim, é preciso orar, mas é preciso sair e fazer todo o possível se o que se procura de fato é a pessoa com quem se casar. É mais ou menos como buscar a orientação do Senhor quando se procura um emprego. Você não faz uma oração e se senta ao lado do telefone e espera ele tocar. Você tem de sair e bater de porta em porta e, de fato, procurar o emprego. Ao mesmo tempo, você tem de saber que tipo de trabalho está procurando. Ao buscar a companheira certa você tem de saber com antecedência, em alguma medida, o que está procurando, suas expectativas e as que são negociáveis ou inegociáveis numa companheira e numa relação.

No meu processo de mover céu e terra, frequentei grupos de solteiros da igreja, bailes de cristãos solteiros, fiz contato com amigos e amigos de amigos, e tentei anúncios de relacionamentos de solteiros cristãos. Descobri que tudo isso tem seu mérito e conheci várias mulheres maravilhosas. Entretanto, também conheci uma série de mulheres estranhas. Portanto, é preciso usar o discernimento e não ter receio de fazer perguntas.

Vi inúmeros casais que viveram a síndrome dos "três ou seis meses". Tiveram uma atração instantânea e intensa de um pelo outro — quase avassaladora. Foi como um clique. Às vezes, eles dizem: "Era como se eu conhecesse essa pessoa a minha vida toda... e nós acabamos de nos conhecer!" O relacionamento se constrói rapidamente, e eles estão apaixonados. A questão do casamento insinua-se de vez em quando e entra e sai da conversa de vez em quando. Quanto mais tempo ficam juntos, porém,... alguma coisa acontece. Talvez um não esteja tão interessado quanto o outro, ou um se retraia um pouco, ou o outro não continue com o mesmo fervor. Parece que o romance elevado perdeu um pouco do que era; não é mais tão elevado assim. Eles começam a lutar com algumas questões que surgiram e agora têm de trabalhar a relação pela primeira vez. Em vez de estar totalmente impressionados com o companheiro, estão analisando-o e avaliando. Minha resposta para isso é "Maravilhoso!". É excelente! Positivo! Agora vocês têm a oportunidade de enxergar o outro como ele realmente é. Agora a relação tem a oportunidade de crescer.

É possível que os padrões sejam elevados demais. Conversar com amigos confiáveis sobre sua lista ou sobre a opinião que eles têm a respeito da pessoa com quem você pretende casar talvez ajude a equilibrar suas expectativas.

A TEORIA DA TROCA SOCIAL

Já que a pessoa que você mencionou como aquela com quem deseja casar tem uma mensagem para você, vamos analisar sua lista, considerando-a de outro prisma. Essa pessoa é igual a você ou é o seu oposto? Você tem atração por pessoas financeiramente seguras, instruídas ou tão atraentes como você? Essa pessoa está à sua altura? Você costuma namorar alguém de nível superior ou de nível inferior ao seu? Isso não significa que vocês tenham de ser idênticos, mas haverá um nível de transigências. Um relacionamento costuma se manter quando cada indivíduo pensa estar recebendo da outra pessoa o que talvez seja mais do que receberia em outro relacionamento. Se, no seu relacionamento, você não estiver recebendo tudo isso, deve sair dele, mesmo que não haja ninguém mais à sua disposição.

Provavelmente, você já ouviu a expressão "ele/ela é um bom partido". Um dos meus amigos íntimos e apaixonado por pescaria tem sua variante própria dessa expressão. Quando começa um novo relacionamento, ele diz (no jargão de pescador): "Vale a pena levar para casa". É exatamente isso o que muita gente está procurando. É provável que as pessoas que você vai namorar sejam tão romanticamente desejáveis quanto você.

Não quero ser teórico, mas tenho conversado sobre a teoria da troca social. A tese afirma que até o apaixonar-se não é um acontecimento casual, e sim mais uma questão de deliberação.

A ideia é que, antes de permitir envolver-se com alguém, consciente ou inconscientemente, o indivíduo procura descobrir se esse alguém é romanticamente semelhante a ele. A maioria dos homens e das mulheres usa a impressão que tem do próprio nível de desejo romântico para determinar a adequação do outro à sua sensibilidade nessa área da vida.

Há, porém, outras coisas. Pense em alguns de seus relacionamentos passados. Essas pessoas eram significativamente diferentes em suas características físicas? Havia uma variação grande na aparência delas ou havia mais semelhanças que diferenças? Você se sentiu atraído por aquelas que eram parecidas ou não parecidas? Muita gente, depois de olhar para trás e refletir, descobriu uma semelhança nas características físicas daqueles com quem se relacionou. Muita gente faz uma imagem da aparência física de seu futuro cônjuge. Talvez você tenha feito essa imagem, e ela tenha funcionado como um radar, selecionando seus parceiros em potencial. Se você criou essa imagem antes, e só agora está tomando consciência dela, será que é isso mesmo que você quer? Em sua lista de critérios, a aparência física é tão prioritária que restringe a sua busca de pessoas que tenham outras características mais importantes para você? É por isso que é tão essencial você redigir um parágrafo descritivo a seu respeito.

Sei que alguns de vocês que estão lendo este capítulo vão dizer: "Isso é científico demais, lógico e calculista demais. Não é assim que funciona o casamento!". A maioria das pessoas não se apaixona por acaso. Há mais aspectos envolvidos nisso do que os olhos conseguem ver; não é assim tão evidente. Muitos itens "obrigatórios" da lista são as variáveis que influenciarão a escolha do futuro cônjuge. Pode não parecer nada romântico, mas há muito mais do que imaginamos implicado no romance e na descoberta da pessoa certa.[15]

Quem você namorou antes? Como eram essas pessoas? Em que medida elas combinavam com a pessoa a quem você está buscando hoje? Faça uma lista dos nomes das últimas pessoas com quem você teve um relacionamento amoroso e defina cada uma delas, com base no que vimos até aqui neste capítulo.

Nome: ______________________________

Semelhanças:

Diferenças:

"Obrigatórios" que elas mostravam ter:

Agora, pense no mais agradável desses relacionamentos. A pessoa nele envolvida era mais parecida com você ou mais diferente de você? Pense nisso. Apesar de você ter as suas listas de qualidades e de gostar de determinadas características físicas, os seus relacionamentos amorosos mais agradáveis e mais frutíferos costumam ser com pessoas que têm *convicções*, *atitudes* e, principalmente, *valores* semelhantes aos seus. Quando você tiver um encontro com alguém e achar que encontrou nele esses três requisitos, não se esqueça de procurar saber há quanto tempo essa pessoa mantém esses valores, convicções e atitudes. Essas qualidades podem ter sido desenvolvidas recente e repentinamente, a fim de impressionar você; mas elas não têm raízes.

Como você tem reagido às pessoas que tem conhecido no seu grupo social ou no trabalho, que não têm os seus valores, convicções e atitudes e não denotam ser possíveis relacionamentos

---

[15] Davis, p. 24-27.

românticos para você? Você desejou aproximar-se delas? Quis investir tempo com elas? Você se sentia à vontade com elas? A maioria de nós responde "não" a essas perguntas. Assim, por que alguém pensaria poder passar o resto da vida com uma pessoa assim? A incompatibilidade de convicções, atitudes e valores é sempre fatal num casamento. Estar constantemente em desacordo com o cônjuge não é nada agradável. Quando compartilhamos os mesmos valores, as mesmas atitudes e as mesmas convicções com o nosso parceiro, isso nos aproxima mais dele em vez de nos repelir.

Quando uma pessoa finalmente se casa, será que escolhe alguém que seja completamente oposto a ela? Durante anos a expressão "os opostos se atraem" foi usada para explicar parte do processo de atração. Contudo, o resultado de centenas de estudos com casais casados indica que, quase sem exceção, nas características físicas, sociais e psicológicas, os casais são mais parecidos que diferentes. As exceções ou os que aparentam ser exceção não alteram essa tendência geral.

CARACTERÍSTICAS QUE SE COMPLEMENTAM E CARACTERÍSTICAS QUE SE OPÕEM

No contexto do casamento como tal, entretanto, parece que algumas características são completamente opostas em cada cônjuge. Uma vez que a satisfação de necessidades é o centro da escolha de parceiro, alguém vai achar que algumas necessidades dos casais são complementares enquanto outras são opostas.

É no campo das características e necessidades complementares que o conceito "os opostos se atraem" é considerado de certa forma correto. Entre as necessidades complementares mais importantes, estão a dominância e a submissão. Se um indivíduo tem necessidade de dominar, ele terá a tendência de se casar e ficar satisfeito com uma pessoa que tenha a necessidade de ser submissa. Se um homem se casa com uma mulher que necessita ser dominadora e ele é submisso, pode haver algum conflito se as expectativas da sociedade exigem que o homem seja dominador, e a mulher, submissa. Apesar das pressões sociais, muitos casais podem preferir ir contra essa expectativa. Se um dos dois tem necessidade de ser atencioso com os outros, como, por exemplo, mostrar simpatia, amor, proteção e compreensão, ficará feliz encontrando um companheiro que tenha a necessidade de receber esses cuidados. (A maioria das pessoas, felizmente, é capaz de ambas as coisas. Isso é mais saudável.) Um indivíduo que tem necessidade de admirar e elogiar os outros gostaria de ser casado com alguém que precise receber respeito e admiração. Se, com o passar dos anos, as necessidades de um dos cônjuges mudarem, o casamento pode se desfazer. As necessidades complementares ajudam a determinar como duas pessoas tratam uma à outra.

É importante ter em mente a diferença entre complementar e oposto. Infelizmente alguns casais rotulam qualquer diferença entre eles de "diferença complementar". As necessidades complementares se combinam tão bem que não exigem transigência nenhuma da parte de ninguém. Por outro lado, as necessidades opostas exigem um acordo em algum terreno intermediário, mas não em geral num ambiente feliz. Por exemplo, se um é extremamente econômico e o outro é gastador, as necessidades vão bater de frente. Se um gosta de contato social e o outro é reservado, o conflito é praticamente inevitável.

Na cultura ocidental, as pessoas escolhem um companheiro que esperam satisfazê-las. É curioso observar que tanto os casais noivos quanto os casados enxergam características um no outro que não se podem encontrar por um teste. O que alguém enxerga no outro é o que lhe agrada. "O que o atrai nessa mulher?", perguntamos, porque não conseguimos enxergar nela as coisas que ele vê. Num casal, a escolha um do outro baseia-se em um conjunto de relacionamentos que os agrada, os quais eles atribuem um ao outro. Você já viveu isso nas suas relações?

Quando as pessoas namoram e são atraídas uma pela outra, as necessidades básicas são satisfeitas. Muito do relacionamento de um casal baseia-se na satisfação dessas necessidades. Isso significa que há literalmente milhares de pessoas do sexo oposto que poderiam suprir essas necessidades, se a pessoa tiver qualidades de *status* apropriadas. Ser alvo da estima aos olhos de outra pessoa confirma nosso valor aos nossos olhos. A necessidade de se apaixonar e ter alguém apaixonado pela gente não exige alguém em particular. O primeiro passo é ter essas necessidades básicas supridas. Depois, os aspectos de "compatibilização de personalidade" podem ser supridos com imaginação. Essa compatibilização de personalidade talvez determine o futuro da relação formada por um casal.

Os casais que se casam por motivos saudáveis e os que se casam por motivos não saudáveis têm em essência as mesmas forças motivacionais impulsionando-os para o casamento, mas a intensidade delas varia.

As pessoas, na maioria, atraem-se umas pela outras pela necessidade de ser dependentes. Por mais equilibrados que sejamos, todos nós temos essa necessidade. A dependência saudável deve refletir o desejo de ter o complemento. Na dependência nociva, existe o desejo de complemento e de posse.

A autoestima e seu potencial para o aperfeiçoamento impulsionam as pessoas a se casar. Todos querem ter confirmação do seu valor e dignidade por parte da outra pessoa. Alguns têm a necessidade excessiva de que o cônjuge os faça sentir merecedor, bom, atraente, querido, desejado, e outras qualidades mais. Aos poucos, a necessidade excessiva pode causar tensão no relacionamento.

Entretanto, o desejo normal de afirmação também é uma potente força de atração e manutenção do casamento. O desejo de autoestima aumentada e a necessidade de dependência constroem o compromisso, o que já foi chamado de "cimento da relação". Esse cimento está no processo de ajuste quando um casal chega para pedir orientação pré-nupcial.

Dois terapeutas especializados em orientação pré-nupcial apresentam esta reflexão:

> Nosso pressuposto de que o casamento não é acidental nem dicotômico foi influenciada pela nossa prática clínica com centenas de casais, tanto no aconselhamento conjugal quanto na orientação pré-conjugal. Pensando nesses casais e em como eles escolheram um ao outro, descobrimos que estavam evidentemente realizando uma tarefa e envolvidos num processo. Chamou-nos a atenção o fato de muitos casais estarem envolvidos na tarefa de encontrar alguma forma de iniciar o crescimento. Esse crescimento pode ser em várias áreas. Por exemplo, tornar-se mais extrovertido, mais autoconfiante, mais íntimo ou algum outro aspecto da personalidade deles em que sentiam necessidade de expansão. Portanto, o parceiro que escolhiam dentre os milhões de pessoas disponíveis era exatamente o que lhes

podia dar o tipo de crescimento de que precisavam. Algumas mulheres, por exemplo, procuram um homem que possa ensiná-las a ser "duronas", assim como alguns homens procuram uma mulher que os ensine a ser afáveis. Para nós é quase como se, de certa maneira, os pares se encontrassem um ao outro e escolhessem um ao outro com base na possibilidade de cada um passar por uma mudança. É como se, de forma estranha, os casais estivessem cumprindo uma tarefa de terapia. Talvez possamos até afirmar que o casamento é uma tentativa amadora de psicoterapia.

É tudo um meio de dizer que nós acreditamos que o casamento é proposital e o casal escolhe um ao outro com base na capacidade de cada qual receber do outro ajuda em seu crescimento. Achamos que os casais se envolvem numa tarefa de cura. É como se muitos indivíduos, na época de namorar e casar, se descobrissem incompletos em alguma medida. A procura deles por um companheiro não é aleatória; é baseada em algum tipo de mecanismo de orientação profundamente intuitivo que procura incansável e propositadamente ir ao encalço daquele tipo de pessoa que lhes vai oferecer o estímulo de crescimento que estão buscando.[16]

DEFINIÇÕES CULTURAIS DO CÔNGUJE IDEAL

Outro fator que dificulta a seleção de alguém com quem se casar é a imagem cultural do "cônjuge ideal", dependendo do que significa casamento em cada sociedade. Isso está sendo amenizado, mas ainda existe. Se, por exemplo, o casamento é principalmente divisão de trabalho e criação de filhos, a mulher

---

[16] STAHMANN, Robert F.; HIEBERT, William J. **Premarital Counseling**. Lexington: Lexington Books, 1980, p. 20-21.

ideal seria alguém de compleição física forte, ombros e quadris largos. As definições de características masculinas e femininas dadas pela cultura influenciam as imagens de cônjuge ideal. Em certa sociedade, a mulher ideal é doce e delicada; em outra, ela é extrovertida e sexualmente provocativa. A cultura define; nós nos submetemos ao padrão. O que sua igreja espera de você no que diz respeito à escolha de uma pessoa com quem se casar? E seus amigos? Seus pais? Conheci pais que ligaram para mim, a fim de dizer que a pessoa com quem seu filho ou sua filha estava se casando não se encaixava no ideal deles!

As definições culturais de cônjuge ideal podem influenciar de duas formas a escolha. Pelo fato de identificar o que é desejável num cônjuge, essa definição praticamente rotula a qualidade ou a intensidade do desejo de cada pessoa. Quanto mais um indivíduo se aproxima desse ideal cultural, mais atraente ele se torna para um número maior de pessoas. Se o indivíduo percebe que se está aproximando do ideal, pode ser mais seletivo na própria escolha de um futuro cônjuge e esperar alguém mais próximo do ideal.

A segunda maneira em que essa definição cultural de cônjuge ideal pode influenciar a escolha chama-se "idealização do cônjuge". Isso significa que, mesmo que sua escolha não preencha o modelo de idealização cultural, você atribui essas características à pessoa por quem você se apaixonou. Você procura justificar sua escolha por estar lutando contra o modelo.

A escolha do cônjuge é complicada porque o ser humano tem queda pelas ideias ilusórias. Infelizmente, quanto mais inseguro o indivíduo é, maior é a sua necessidade de idealizar seu futuro marido ou sua futura esposa. Isso é preocupante, uma vez que a idealização desaparece no primeiro ano.

A maioria das pessoas não reflete sobre a escolha do futuro cônjuge de forma analítica e lógica; somos inconscientemente influenciados por esses fatores e formas sutis que talvez venhamos a seguir. Contudo, muita gente negaria com veemência essas ideias, alegando: "Foi o nosso amor que nos uniu". Sim, estão presentes o amor e mais esses fatores.

Se as imagens culturais influenciam a seleção de um futuro cônjuge, quais são as imagens que seus pais fazem de seu futuro cônjuge? Os pais exercem considerável controle indireto sobre os grupos e associações dos filhos, o que, por sua vez, restringe o campo de possibilidades para a seleção da pessoa com quem se casar. Os universitários sentem menos essa pressão que os jovens que permanecem na casa dos pais. Os pais ajudam a decidir um grupo aceitável de candidatos do qual o filho pode escolher o futuro cônjuge. Curiosamente, um estudo mostra que quando, em lugar de aprovar a relação de uma filha com um rapaz, os pais desaprovam essa relação, mais que o dobro dos relacionamentos terminam em noivado rompido ou em divórcio precoce. Ao que parece, a aprovação dos pais com relação ao filho do sexo masculino não tem a mesma importância.[17]

Quando você refletir sobre o tipo de pessoa que está procurando, analise estas três questões:

1. Os critérios que você está usando são seus ou de seus pais? Em que medida os desejos deles estão se revelando na pessoa que você está procurando? Se você descobrir a influência deles, por que eles o querem com essa pessoa? Seria bom você rever quais são os desejos deles.

---

[17] Udry, J. Richard. **The Social Context of Marriage**. Ed. 3. New York: Lippincott, 1974, p. 157, adaptado.

2. Seus critérios são reminiscências de uma fase anterior da sua vida? Suas necessidades, seus desejos e suas prioridades em relação a um futuro cônjuge são diferentes em seus 20, 30, 40 e 50 anos. Não se esqueça de rever o que você está procurando agora e a razão por que o está buscando.
3. As expectativas de seus amigos ou de sua igreja são parte importante de sua escolha do futuro cônjuge? E sugestões talvez sejam sutis, mas elas existem. Se você tem dom para a música, talvez sofra pressão para se casar com alguém que também seja músico ou que vá entrar no ministério, ou permanecer na área; assim, suas aptidões não serão perdidas. Já aconteceu!

Vamos a mais uma pergunta: Onde você conheceu seus ex-candidatos em potencial? Vocês simplesmente "se trombaram" ou estavam num evento em que era provável que você conhecesse alguém? Você percebeu que na maioria das vezes a escolha de alguém como futuro cônjuge tem algumas facetas nada românticas? Por exemplo, o local físico é uma limitação muito importante para um relacionamento. Quanto mais longe duas pessoas moram uma da outra, mais provável é que escolham alguém que more mais perto. Ter de viajar uma ou duas horas para ir e voltar e ao mesmo tempo ter um emprego de tempo integral, atividade na igreja, eventos sociais e compromissos de família causa diminuição dos retornos. Em geral, aqueles que se conhecem num acampamento, numa convenção ou numa palestra e começam um relacionamento acham muito difícil mantê-lo se houver uma distância que exija muito tempo e energia. Existe um limite de quanto tempo e dinheiro alguém gastará viajando para encontrar alguém quando há outros por perto.

Neste capítulo, você recebeu muito sobre o que refletir. Isso é só o começo. Muitos de vocês estão perguntando: "Onde vou encontrar a pessoa certa? Onde procurar?". Esse é o assunto do capítulo seguinte.

5

"Onde encontro essas pessoas e o que digo a elas?"

Uma história verdadeira sobre "Onde eu a conheci":

> Eu estava no supermercado a três quarteirões da minha casa. Toda quinta-feira à noite, eu ia lá para comprar itens de mercearia de que precisava. Cheguei ao fim de um corredor e olhei para a direita, mas virei à esquerda... e a avistei. Era bonita — não maravilhosa, mas bonita. Quando passei por ela (eu tenho excelente visão periférica), olhei rapidamente para a sua mão esquerda e, "aleluia!", não tinha aliança. Era alguém que eu queria encontrar. Não estava com nenhuma criança; logo, era outro ponto a meu favor. Segui-a a vinte metros de distância e, mesmo já tendo escolhido tudo da minha lista de compras, continuei olhando como se estivesse procurando outras coisas. Estava calculando meu tempo, a fim de encontrá-la na fila do caixa, ficar logo atrás dela e puxar conversa.
>
> Ela foi para a fila, e eu também. Uma família com cinco crianças barulhentas estava indo para a mesma direção, e eu vi que eles podiam passar à minha frente e me separar dela. Disparei o carrinho e cortei caminho. Cortei muito caminho, na verdade. E me aproximei tanto de uma pilha de cem latas de ervilhas que meu pé atingiu as latas. As latas começaram

a cair lentamente, e depois começou a avalanche. Enquanto elas faziam a parte delas, eu fazia a minha. Eu caí. De cara no chão! Ao cair, sem querer empurrei o carrinho, que decolou. Adivinha o que aconteceu! O carrinho disparou pelo chão em linha reta na direção daquela mulher atraente. Foi um tiro perfeito. Bem atrás dela! Eu queria conhecê-la, mas não desse jeito.

A essa altura, a risada de todo mundo tinha abafado o som das latas de ervilha. Quando ela se virou e olhou para o carrinho sem ninguém, passou os olhos pelo caos para ver quem era o autor e me encontrou de cara no chão contra as latas de ervilha. Eu sorri. Ela deu risada. Nós nos conhecemos. O resto é história. Eu não recomendo esse método, mas funcionou para mim.

ONDE ENCONTRAR GENTE SOLTEIRA DESEJÁVEL

Aonde posso ir para conhecer gente solteira desejável? Isso acontece assim, simplesmente, como no caso relatado, ou é preciso trabalhar para fazer acontecer? Alguns acham que se encontra a pessoa certa por acaso. Outros afirmam que é preciso ser ativo, dinâmico, na procura do cônjuge em potencial. Não se esqueça de que, quanto maior o número de pessoas do tipo por que você se interessaria, maiores são as chances de encontrá-lo. É melhor procurar pelo excesso.

Ouvi a história de uma professora de ensino médio que tinha chegado aos 40 anos. De repente, ela percebeu que queria casar-se. Sendo professora, porém, ela não tinha tempo nem energia durante o ano letivo para sair e procurar um namorado. Desse modo, isso passou a ser o seu projeto durante o verão. Ela fez uso de anúncios pessoais em assessorias para solteiros e participou de muitos eventos e atividades de que gostava. Fez isso durante dois verões e, nesse tempo, entrevistou 68 homens. Casou-se com o 68º.[1]

Trabalhar nesse projeto é muito melhor do que esperar que aquela pessoa predestinada um dia saia do nada e caia no seu colo. Para muitos desses exemplos, isso "simplesmente acontece"; quando se olha para trás, descobre-se que em geral houve alguma orquestração de tempo, lugar e acontecimentos. Sem dúvida, é preciso orar. Procurar a vontade de Deus para sua vida — casar-se ou permanecer solteiro — e depois pedir a orientação dele. Não se fica parado em casa esperando que alguém bata à porta. Trata-se de uma combinação de oração, espera e procura.

Conversei com algumas pessoas que foram criadas em cidade pequena. Elas me disseram que não queriam mudar de cidade, mas, já que não encontraram ninguém na faculdade, imaginaram que seria melhor morar numa cidade grande por um tempo, a fim de procurar um futuro cônjuge. Simplesmente não havia muitos candidatos atraentes disponíveis para elas numa cidadezinha de 4 mil habitantes.

Isso pode ser simplismo, mas precisa ser dito, e depois você vai saber por quê. Se você está interessado em se casar e tem interesse por determinada pessoa, será que esse candidato está disponível? É possível que você esteja interessado, atraído e completamente apaixonado, mas, se essa pessoa não estiver disponível, seu empenho não será recompensado. Algumas pessoas estão disponíveis; outras, não.

---

[1] PAGE, Susan. **If I'm So Wonderful, Why Am I Still Single?** New York: Bantam Books, 1988, p. 41-42, adaptado.

DISPONIBILIDADE — PSICOLÓGICA E CIRCUNSTANCIAL

Há dois tipos de disponibilidade: a psicológica e a circunstancial. A disponibilidade psicológica inclui a recuperação e o amadurecido de relacionamentos anteriores, a independência emocional dos pais ocorrida de maneira saudável, a capacitação de se comprometer com outra pessoa e a segurança e coragem para o casamento.

A disponibilidade circunstancial inclui alguns fatores. Se a pessoa em quem você está interessado está envolvida com alguém que ela ama, ela não só não é uma boa escolha para você, emocional e espiritualmente falando, como também o fato de ela não ter optado pelo casamento é outro sinal de advertência. Por que essas duas pessoas não se casaram? Como é a relação delas com o Senhor? Se simplesmente resolveram "morar juntos", é preciso que exista de sua parte a mesma preocupação. Essa pessoa não é boa candidata, agora. Dê-lhe alguns anos para crescer espiritual e emocionalmente.

Se você está interessado em alguém separado, ele não está disponível. Perante o Estado e aos olhos de Deus, essa pessoa ainda está casada, quer a separação tenha ocorrido há cinco semanas, quer tenha ocorrido há cinco anos. Além disso, o que alguém passa emocionalmente no processo de ruptura de um casamento significa que não está completamente pronto para um novo relacionamento, apesar de estar desesperado por isso.

Alguém divorciado é uma possibilidade, dependendo de quanto tempo o divórcio se deu, da condição financeira da pessoa que se divorciou, da amargura que ainda existe no coração, do preparo emocional etc.

Há ainda mais um aspecto a analisar: os casados... com o trabalho ou com a família de origem. Há muitos outros disponíveis. Você pode encontrá-los. Tenha, porém, sempre em mente as considerações a seguir.[2]

POR ONDE COMEÇAR A PROCURAR

Por onde se começa? Olhe à sua volta. Onde você mora? Num condomínio? Em caso positivo, que tipo de reuniões sociais existe nesse condomínio? Se houver reuniões, elas permitem que você se sinta à vontade ou são muito constrangedoras? Por que não criar a própria reunião? Já conheci grupos de estudo bíblico para cristãos solteiros, bem como eventos sociais que tiveram início em empresas e apartamentos. Se conseguir encontrar mais duas ou três pessoas, vocês poderão trabalhar por essa meta, começando por divulgar informações.

Num raio de pouco mais de um quilômetro de sua casa, quais são as lojas, os *shoppings* e os meios de entretenimento? Você já fez caminhadas pelo bairro, nas calçadas ou num local fechado, como um clube ou uma escola? *Não se esqueça de um fator essencial*: coloque-se num lugar em que terá mais probabilidade de encontrar a pessoa que mais atenda aos itens obrigatórios de sua lista! Frequentemente voltaremos a este ponto. Será que os lugares sugeridos aqui atendem a esse fator? Você é quem decide.

Às vezes um pouco de assistência ajuda a encontrar outras pessoas, quer caminhando numa área residencial, numa região de comércio, na praia, quer em qualquer lugar perto de você onde haja gente. Do que estou falando? Há alguns anos, eu

---

[2] SILLS, Judith, ph.D. **How to Stop Looking For Someone Perfect and Find Someone to Love**. New York: Ballantine Books, 1984, p. 35-38, adaptado.

tinha um *golden retriever*. Eu passeava com ele por toda parte, inclusive nesses pontos todos que já mencionei. Graças à aparência atraente e à personalidade extrovertida de Shadow (meu cachorro), conheci dezenas de pessoas que talvez jamais conhecesse de outra forma. Meu cachorro funciona como um ímã e atrai gente de toda idade. Depois ele passa a ser o ponto de contato e de amizades até no quarteirão em que eu morei durante muito tempo.

Falando em cachorro, um amigo meu costumava levar seu filhote de labrador à praia com ele. Um dia, notou uma mulher muito atraente, de biquíni, na água. Ali sentado, observando a mulher, meu amigo começou a pensar numa forma de conhecê-la. Enquanto ele estava pensando, porém, o cachorro assumiu a tarefa. Foi para a água, na direção da mulher e, quando chegou, levantou a pata traseira e fez xixi na perna dela. Ela não ficou nada contente com a situação. Há maneiras melhores e mais seguras de se fazerem apresentações.

Outro lugar para encontrar possíveis companheiros é no trabalho ou em atividades relacionadas ao trabalho. Isso ocorre com o processo de criação de redes de contato.

Algumas pessoas não gostam que os amigos ou parentes sugiram-lhes um bom partido, nem que lhes apresente ninguém com esse objetivo. Às vezes os outros podem ser muito invasivos em nossa vida, principalmente quando são intrometidos e insistentes. Essas pessoas dizem coisas como: "Tenho certeza que vocês dois vão combinar", ou "Ele/ela é perfeito/a para você", ou "Eu contei a ele tudo sobre você, e ele mal pode esperar para conhecê-la". Como se fossem especialistas em você! Quando ouve comentários como os dois primeiros, você pode devolver a responsabilidade a quem os fez, perguntando: "Por que você acha que vamos dar certo? Pode também dizer: "Respeito sua preocupação comigo nesse aspecto e vou pensar nessa possibilidade. Você entende, porém, que, por algum motivo, talvez não dê certo. Se for o caso, é muito provável que você não venha a saber por quê. Estamos combinados?".

Alguns de vocês talvez desejem a ajuda dos outros. Se esse é o seu caso, se você deseja ser ajudado, não deixe que os integrantes de seu comitê façam uma escolha aleatória. Por que não criar um cartaz "procura-se" com a descrição do tipo de pessoa que você está procurando? Ofereça algumas diretrizes para serem seguidas por seus amigos; isso vai economizar algum tempo. Tenho uma amiga na faixa dos 30 anos. Apresentei-a a alguns homens cristãos. Durante algum tempo, ela namorou um deles. Valorizou a ajuda, embora ainda esteja procurando alguém no momento em que estou escrevendo este livro.

Minha filha casou-se aos 27 anos, depois de dois compromissos anteriores. Ela era manicure num salão de beleza. Certo dia, quando chegou ao trabalho, olhou e viu uma das colegas dela cortando o cabelo de um jovem. Notou que os dois estavam olhando fixamente para ela. Foi até eles e perguntou: "O que foi?". O jovem olhou para ela e disse: "Nós estávamos falando justamente em você". A cabeleireira disse: "Sim, eu estava dizendo ao Bill que ele precisa convidar você para sair, já que você não tem nenhuma doença estranha". Sheryl contou que ficou vermelha! Eles riram e conversaram mais um pouco. Depois que o jovem saiu, Sheryl levou Jan à sala dos fundos e perguntou quem era ele. Jan contou que cortava o cabelo dele havia quatro anos, ele era cristão e precisava ter um encontro com Sheryl. Minha filha falou que Jan podia dar o número do telefone dela, e o resto é história. Eles se casaram! Algo assim pode funcionar para você.

Há ocasiões em que em meu consultório uma pessoa me pergunta: "Aonde devo ir para conhecer pessoas?". Respondo com duas perguntas clássicas: "O que você gosta de fazer?" e "O que você gostaria de fazer com um provável cônjuge?". Vá a esses lugares que proporcionam coisas em comum com a pessoa com quem vai se casar. Se vocês gostam de arte, visitem galerias e mostras. Pense em visitar livrarias, bibliotecas, reuniões de intercâmbio, lojas de vídeo — ou mesmo uma lavanderia. Um autor insinuou que as mulheres vão ao supermercado no início da noite, já que os homens costumam fazer compras a essa hora. Se você for à lavanderia, não se esqueça de levar uma quantidade extra de alvejante e amaciante, pois os homens costumam se esquecer desses produtos!

Se você é uma pessoa que de fato economiza tempo e é preocupada com o tempo, o que vou sugerir talvez o canse um pouco. Conheço muitas pessoas ocupadas tentando ir a lojas ou mesmo a clubes de esportes quando estão menos atarefadas. Isso, porém, não vai adiantar se você estiver procurando conhecer outras pessoas. Vá no horário *mais movimentado*, já que há mais gente, principalmente na lavanderia. Acima de tudo, converse com as pessoas. Leve um livro, mas não para ler. Se estiver esperando conhecer alguém que seja cristão, leve um livro de algum tema cristão ou use algo com uma mensagem caracteristicamente cristã. Esses dois recursos chamam a atenção e servem para iniciar uma conversa.

Os cristãos têm um universo muito menor de possibilidades de escolha, por isso é importante encontrar lugares ou eventos em que haja outros cristãos reunidos. Talvez você more numa região cuja população seja limitada ou talvez frequente uma igreja muito pequena. Pode também não haver um grupo de solteiros na sua igreja, tampouco na sua região. Por necessidade, você pode ser a pessoa indicada para ajudar na criação de um grupo desse gênero. Conferências para solteiros, regionais ou locais, podem ser uma fonte de contato. Se sua igreja não tem ministério de solteiros, comece a frequentar outras igrejas. Em regiões metropolitanas maiores, há várias igrejas que têm programas bem elaborados para solteiros, e os frequentadores não são apenas os membros da igreja local. Eles provêm de dezenas de outras igrejas tão somente pela oportunidade de participar do ministério e conhecer novas pessoas. Não há nada de errado em procurar grupos de solteiros na igreja para conhecer um cônjuge em potencial. Isso faz parte da finalidade desses grupos.

Um homem casado há 33 anos contou-me como conheceu a mulher dele numa igreja. Durante os anos de faculdade, ele namorou, mas não tinha encontrado ninguém com quem um casamento pudesse dar certo. Quando já não fazia mais parte do departamento universitário em sua da igreja, e tendo se transferido para o departamento de profissionais, decidiu que queria se casar. Contou-me: "Na época, eu era imaturo espiritualmente; por isso, eu roubava algum tempo do Senhor para procurar uma esposa. Certa ocasião, estava sentado na igreja quando decidi falar com Deus: 'Senhor, depois deste culto, vou até o departamento universitário e, se ali houver uma mulher que possa ser minha esposa, faze-a caminhar na minha direção'. Desci ao departamento universitário e comecei a observar as mulheres, fileira por fileira. Foi uma travessia entre o vale da Morte e o mar Morto. Estava ficando desanimado quando vi uma mulher indo na direção oposta à minha. Tudo que pude ver foram suas costas, mas eu sabia que ela era uma possibilidade real. Conheci-a e, depois de seis semanas, estávamos noivos".

NAMORO E SERVIÇOS PARA ENCONTROS

Tenho ouvido muitas pessoas, na faixa dos 30 aos 40 anos, falarem sobre experiências negativas que tiveram em encontros românticos. É caro e perda de tempo investir em alguém cujo relacionamento não tenha dado certo. Além disso, é um malabarismo namorar quando se tem trabalho e filhos pequenos.

Sair para um encontro romântico é problema. Apesar dos fatores negativos, porém, pense no que acontece num namoro. No namoro, você vai descobrir tanto o que o atrai na pessoa quanto o que o afasta dela... ou uma combinação de ambas as coisas.

Se está namorando alguém que não consegue fazer você externar o que de melhor existe em você, é sinal de que alguma coisa diz: "Pare de namorar essa pessoa".

No namoro, corre-se um grande risco. Esse risco chama-se possibilidade de rejeição. Entretanto, vale a pena passar por ele. Se isso acontecer, não é, repito, *não é* porque você seja anormal!

No namoro, você pode ficar tão apaixonado e tão cego que chegue a achar que seu par não comete erros. No entanto, a bolha acaba estourando. Quanto mais cedo isso ocorrer, melhor. Assim você pode construir uma relação verdadeira. Sem o namoro, é impossível que isso aconteça.

No namoro, o propósito é descobrir se você e a outra pessoa podem construir uma relação, quem sabe, permanente. Caso contrário, não foi perda de tempo.

Com o passar dos anos, os serviços cristãos de namoro passaram a ser cada vez mais conhecidos. Sei que há muitas piadas sobre usar esse recurso, e nem sempre se sabe sobre as pessoas que se cadastram nele; mas parece que há mais vantagens que desvantagens. Entrevistei muitos solteiros que recorreram a esses serviços, e eles acharam que, em geral, os recursos são benéficos. Antes de procurar qualquer desses serviços, porém, investigue com cuidado. Certifique-se da história do serviço, da amostra de população que ele tem ou do número de participantes. Em essência, esse programa é um serviço de formação de rede de contatos que permite aos solteiros se relacionarem com pessoas que podem ter interesses comuns.

Equally Yoked

> Equally Yoked (EY) [Sob o Mesmo Jugo] é um "clube de adesão" para cristãos solteiros, com 30 centros de participantes e mais de 35 mil associados. Nossos membros definem nosso fundamento sólido de comunhão e integridade cristã. O fundamento e a "rocha" de nossa ética profissional são os princípios bíblicos.
>
> Numa pesquisa recente, os membros classificaram nosso fundamento cristão e nosso sistema nacional como o principal motivo de se associarem ao EY. Mencionaram o ambiente cristão seguro como razão principal.
>
> Muitos serviços seculares concentram-se em vender o potencial para encontrar amor, normalmente alimentando-se da solidão e ao mesmo tempo empregando técnicas de venda muito impositivas. Alguns desses serviços até prometem que podem "casar você".
>
> O EY oferece: associação local e nacional em redes de contatos, eventos, palestras e seminários. Somos na verdade um clube multifacetado tão diverso quanto nossos associados, mas unidos no fundamento de nossa fé.
>
> Se pudermos produzir impacto positivo na vida espiritual, emocional e social de cada membro, continuaremos merecendo o direito de permanecer na liderança na comunidade de cristãos solteiros.

O EY tem um programa de duas etapas: contato e entrevista = envolvimento.

A primeira etapa é entrar em contato conosco. Se quiser fazer perguntas por telefone ou por e-mail, a iniciativa é sua. Nós facilitamos para que você encontre uma filial perto de você. Procure em "filiais"... no nosso *website* para encontrar a mais próxima de você. Cada filial tem informações para contato. Você pode ligar ou enviar *e-mail*. Um representante do *Equally Yoked* vai agendar uma entrevista. Se não houver nenhuma filial perto de você, clique em "nenhuma filial próxima".

A segunda etapa é nos conhecer. No EY, *conhecemos pessoalmente cada pessoa* antes que elas se associem. Isso faz parte do nosso processo de seleção. Esse encontro demora cerca de quarenta e cinco minutos. Nossos consultores vão informar tudo sobre o Equally Yoked, ao mesmo tempo que recebem informações sobre você. Você terá oportunidade de se associar nessa ocasião.

Envolvimento. Temos muitos eventos para os membros, e você pode se beneficiar desses eventos imediatamente. Em nossa biblioteca de membros, fornecemos informações para que os membros possam encontrar uns aos outros. Os perfis de todos os membros estão em nossas filiais, para uma fácil visualização. Vamos explicar o processo para contatar um membro. Envolver-se é um elemento essencial para que sua associação seja bem-sucedida. Uma das melhores coisas em se tornar membro do EY é a flexibilidade que a associação possibilita. Você pode se envolver no seu ritmo. Pode frequentar eventos e desfrutar a comunhão de outros cristãos solteiros, utilizando a biblioteca de membros para encontros a dois.[3]

Consulte o *website* do EY: <www.equallyyoked.com>.

[3] Equally Yoked, <www.equallyyoked.com>.

eHarmony

Outro recurso é o conhecido programa *eHarmony*. Veja o que eles dizem:

> Em 2000, apoiado em mais de trinta e cinco anos de pesquisa clínica e empírica, o dr. Warren transformou o modo de os solteiros serem apresentados *on-line* ao inaugurar o eHarmony — o primeiro serviço de relacionamentos na *web* a usar uma abordagem científica para aproximar solteiros com alto índice de compatibilidade. Milhões de pessoas de todas as idades, etnias e formação religiosa já usaram o sistema de compatibilidade patenteado pelo eHarmony, o Compatibility Matching System™, para encontrar o amor da vida delas.
>
> No eHarmony, nosso sistema patenteado Compatibility Match System reduz o campo de milhões de candidatos a um grupo de solteiros altamente selecionados com quem você compartilha níveis profundos de compatibilidade. Enquanto outros *sites* combinam uma foto com um parágrafo, o eHarmony combina você com base na compatibilidade nas áreas mais importantes da sua vida — como, por exemplo, valores, caráter, intelecto, senso de humor, convicções espirituais, paixão e outros 24 aspectos.
>
> - [Somos] o serviço de relacionamentos nº 1 da internet.
> - Mais de 17 milhões de usuários registrados.
> - 10.000 a 15.000 novos usuários registrados diariamente.
> - Membros dos 50 estados e mais de 200 países, o que representa uma gama diversa de etnias, idades e religiões.
> - Apoiado em trinta e cinco anos de pesquisa clínica e empírica, o eHarmony é o único serviço de

relacionamentos *on-line* que se dedica a construir a relação tanto de solteiros quanto de casais casados.

- Recebeu patente americana para seu sistema de combinar por compatibilidade, Compatibility Matching System™.[4]

A declaração de missão deles é: "Capacitar pessoas com o conhecimento e a inspiração necessários para crescer e estreitar suas relações mais importantes para a vida toda de felicidade". Confira no *website* do eHarmony: <www.eharmony.com>.

Christian Singles Connection

> O Christian Singles Connection [Conexão para Cristãos Solteiros] é um excelente meio de conhecer cristãos solteiros para namorar, amar, ter relacionamento duradouro e casamento, ou apenas conhecer novos amigos ou companheiros de diversão e outras atividades. Socializar-se com outros no Christian Singles Connection é ao mesmo tempo divertido e seguro. Em média, mais de 3 mil pessoas associam-se semanalmente ao Christian Singles Connection, o que o torna um dos *sites* que mais rapidamente cresce no segmento de namoro cristão, aproximação e namoro de cristãos solteiros. O Christian Singles Connection oferece a mais recente tecnologia de banco de dados para aproximação por afinidade, o que permite identificar rapidamente pessoas que atendam a seus critérios. Que Deus o abençoe na busca de seu Par Perfeito.[5]

---

[4] eHarmony, <www.eharmony.com>.

[5] Christian Singles Connection, <www.singles.org>.

O Christian Singles Connection oferece um sistema de correspondência privado, associação por compatibilidade automático, anonimato e segurança. Consulte o endereço deles na *web:* <www.singles.org>.

Confidential Christian Introductions

O Confidential Christian Introductions (CCI) [Apresentações Confidenciais de Cristãos] é um serviço cristão de apresentações, localizado no sul da Califórnia que atende a cristãos solteiros. Ele patrocina eventos para cristãos solteiros, como, por exemplo, retiros, cruzeiros, jantares e bailes. O *site* deles diz:

- O CCI entra em contato com os candidatos (máximo de três por semana) quando o candidato ligar ou enviar *e-mail* para o CCI.
- O candidato pode entrar em contato com o CCI uma vez por semana, para entrar em contato com três de seus escolhidos.
- O candidato deverá fornecer fotos para enviar a seus escolhidos.
- O CCI não obriga os membros a se encontrarem.
- O candidato dá permissão ao CCI para divulgar algumas ou todas as informações por ele fornecidas no formulário do CCI.
- O CCI não verifica os antecedentes dos membros e recomenda que os membros se encontrem em local público.[6]

Esse ministério é altamente confidencial, não se destina a ser um serviço de namoro, mas quer promover o encontro de casais

[6] Confidential Christian Introductions, <www.ccisingles.com>.

cristãos compatíveis entre si para um compromisso da vida toda. O formulário que o candidato preenche é muito detalhado e também há uma entrevista pessoal. Para mais informações, procure <www.ccisingles.com>.

Se você usa um serviço como esses e está interessado em encontrar alguém, não se esqueça de utilizar a abordagem SCT — *Sessão de conhecimento*. São sessões de conhecimento apenas, e esse tempo não deve ser considerado namoro. Use esse tempo para investigação, não para escolha. O namoro pode ocorrer mais tarde. Você precisa descobrir o máximo que puder sobre a pessoa, e primeiro fazer amizade com ela. Deixe o lado romântico desenvolver-se da amizade.

Como em qualquer programa ou ministério, selecionar é muito importante. As pessoas dão impressões incorretas sobre elas, e os anúncios são colocados com o objetivo de fazer contato. O "T" da abreviação é de "telefone". Indica que os primeiros contatos devem ser feitos por telefone (ou por internet). As horas passadas no contato determinam se vocês vão querer se conhecer pessoalmente ou não. Ninguém quer acabar se sentindo imobilizado e obrigado com uma pessoa durante algumas horas.

Um amigo contou-me suas reflexões sobre vários anos de namoro e de utilização desses serviços. Acredito que a experiência dele seja útil para qualquer pessoa que esteja à procura de alguém com quem compartilhar a vida.

> Na procura da companheira perfeita, demorou muito tempo para eu descobrir que, na verdade, não existe essa criatura por aí. Tudo se baseia em graus de transigência — posso conviver com isso ou posso aceitar aquilo etc. Quando encontrei uma que preenchia a maioria dos meus critérios e parâmetros, veio a pergunta "Será que eu vou preencher os dela?".

É extremamente difícil tentar procurar alguém que tenha todas as engrenagens no lugar, sem muita moagem.

Acho que uma das coisas mais importantes e que hoje considero inestimável na procura da companheira é toda a experiência que acumulei com os anos. Tendo vivido anos de diferentes situações. Agora, na faixa dos 40, cheguei a ponto de acreditar que finalmente sei algumas respostas para as perguntas que eu nem sequer sabia fazer nos meus 20 ou 30 anos. Mesmo agora, porém, ainda acrescento e atualizo minha lista de perguntas.

Se há algum conselho que posso dar a alguém que esteja procurando o companheiro ideal, é este: faça perguntas a qualquer pessoa com quem tenha um encontro e armazene as respostas no banco da memória para ver se essas respostas continuam coerentes com as ações dessa pessoa. Se algo parecer um sinal vermelho, enfrente-o e não deixe passar como se "não fosse grande coisa". Relacione-se com os amigos da pessoa (em ambientes coletivos), como em viagens de acampamento ou em jogos de interação de grupo. Se possível, passe um tempo com os pais da outra pessoa (e, se houver sinais vermelhos, não os ignore, porque *o filho deles é produto do meio deles*). Se houver meios de ver como a outra pessoa lida com situações que a colocam sob pressão, leve-a a enfrentar uma dessas situações (desse modo, você será capaz de observar quanto ela é flexível e quanto é capaz de se conter sob pressão). Construa uma amizade verdadeira, mas mantenha-se fora da cama. Orem juntos, tenham valores e interesses semelhantes, conheça os defeitos da outra pessoa e saiba se pode aceitá-los, fique atento para saber como essa pessoa trata os animais de estimação e continue fazendo perguntas até os últimos momentos antes do casamento...

E, por mais duro que seja, se aquela voz interior disser que você está cometendo um erro, pelo menos pare e ouça essa voz e esteja disposto a desligar ou, pelo menos, deixar o namoro em compasso de espera, até que as coisas se esclareçam na relação, até que chegue o dia do casamento. Tenho a impressão de que eu preferiria ficar muito constrangido e causar mágoa em nós dois, pôr as coisas em compasso de espera, ou ter de sair da relação nos últimos dias antes do casamento, a estragá-lo, ser um homem infeliz e viver infeliz pelo resto da vida. Por que se casar se talvez na realidade você, no fundo, saiba que as coisas não estavam certas, ou que coisinhas pequenas se somavam às grandes, mas você não sabia enfrentá-las ou tinha medo de magoar a outra pessoa confrontando-a? Muito disso virá à tona durante o aconselhamento pré-nupcial. Saiba com antecedência que algumas pessoas são capazes de mascarar ou esconder coisas ou, se você não fizer as perguntas específicas, pode achar que, "se não perguntou, o outro não mentiu".

Quando olho para trás e revejo meus anos de namoro, percebo quanto era ingênuo, até para tentar descobrir que perguntas deveria fazer. Achava que não tinha o direito de fazer certas perguntas enquanto a relação não fosse mais adiante. Nem sequer me ocorreu que eu teria de fazer algumas perguntas a um "cristão". Eu supunha que a outra pessoa jamais se envolveria em algo flagrantemente errado, sobre o que eu deveria perguntar. *Nunca presuma nada!* Agora eu tenho uma lista de 12 perguntas, que faço desde o início de uma relação. E, se houver problemas, prefiro saber logo e poupar-me de um envolvimento que me possa causar dor e, de mais tarde, ter de romper o relacionamento. São perguntas que eu ficaria à vontade para responder a alguém que estivesse interessado em namorar comigo.

Apesar de no passado eu ter feito perguntas, descobri que minha lista não estava completa (vou acrescentar itens constantemente a ela, à medida que a experiência ditar).

Um bom exemplo ocorreu recentemente. Conheci uma mulher que gostava de uma série de atividades que eu também apreciava. Ela *afirmava* ser cristã. Depois de uma série de encontros, descobrimos que estávamos gostando um do outro, e ela me convidou para ir com ela e um grupo de amigos cristãos a um passeio numa montanha para uma pescaria. Pelas observações que eu havia feito quando estávamos os dois sozinhos, achei descabido um programa daqueles. Primeiro, notei que a linguagem dela mudava quando estava com as amigas. Além disso, ela parecia mais adaptada ao ambiente mundano na companhia delas (os sinais começaram a surgir). Em seguida, ela entrou em depressão e não queria se abrir sobre o problema. Depois, à tarde, quando todos estavam prontos para sair para pescar, ela decidiu que queria ir fazer compras em vez de pescar. Ela falou sobre uma das amigas acompanhá-la, o que era bom. Entretanto, ela e a amiga só voltaram para jantar às 21 horas — e bêbadas. Em vez de fazer compras, elas foram a um bar *cowboy* dançar e beber. Tudo que consegui pensar foi "Obrigado, Senhor, por me abrires os olhos agora". Uma semana depois, ela apareceu e me mostrou toda orgulhosa uma aliança de noivado. Contou-me que o motivo de ter agido daquele modo na viagem era ter descoberto que estava perdendo o excelente cara "cristão" com quem estava morando havia um ano e meio. Ela havia se esquecido de mencionar isso quando começou a sair comigo. O fato de ter acabado de romper com ele havia poucas semanas tinha lhe escapado à mente. Quando voltei a olhar minha lista de perguntas, achei que perguntar a uma mulher "cristã" se ela havia morado com alguém não era nem um pouco necessário; pelo contrário, achei que seria uma contradição. Como disse antes: JAMAIS SUPONHA!

Um amigo meu passa horas conversando sobre tudo, incluindo formação familiar, vocação, interesses, esportes, amizades, fé cristã, desejo de ter filhos, padrões sexuais e limites. Depois de vários diálogos, a decisão de continuar ou não o namoro é tomada.

Alguns amigos me deram a lista de perguntas que usei para a primeira entrevista deles (veja Apêndice).

Às vezes os contatos se fazem por *e-mail*. Veja o exemplo de uma carta escrita por um homem em resposta a um anúncio. A mulher que escrevera fizera uma descrição geral dela mesma e de sua história e enviara uma foto.

> Cara Jean,
>
> Obrigado por sua carta e por responder ao meu anúncio no CSC. Como eu, você talvez tenha achado difícil encontrar cristãos de qualidade que desenvolvam alguns dos mesmos valores e interesses que você; por isso, agradeço a você a oportunidade.
>
> Permita-me apresentar-me. Meu nome é John Smith e "amo a vida ao ar livre".
>
> Tenho 48 anos, coração jovem e procuro manter a forma física jogando *racquetball* duas vezes por semana e me exercitando nos outros dias. Jogo tênis sempre que encontro um parceiro (e, sim, sou paciente), gosto de caminhadas, *mountain bike* e de caminhar pelas colinas atrás da minha casa, quando elas não estão fechadas por risco de incêndio.
>
> O que mais gosto de fazer, porém, é estar ao ar livre. Gosto de pescar, acampar, viajar, andar a cavalo, de barco e praticar esqui aquático (além de andar de *jet ski*) e esqui na neve. Também gosto tanto de montanha quanto de praia. Quando tenho oportunidade, adoro pescar em Baja, México (onde as águas são calmas e não se fica *nada* deprimido), no inverno, e de ficar na cabana de um amigo, numa ilhazinha da Colúmbia Britânica, no Canadá, nos verões. Quando o tempo permite, gosto de viajar e acampar por Utah, Wyoming e Montana, às vezes me perguntando em quais desses belos

lugares eu gostaria de morar se tivesse oportunidade. É bem divertido sonhar acordado!

Profissionalmente, atuo no mercado de viagens; sou representante de chalés, *resorts*, hotéis, companhias aéreas, hospedagens do tipo cama e café da manhã e hotel-fazenda para programas de viagens de negócios para agentes de viagens, distribuindo folhetos e literatura para os agentes. Estive também comprometido com esportes, férias e demonstração de RV em centros de convenções nos últimos catorze anos.

Frequento a Primeira Igreja Evangélica Livre há vinte anos e acho que tenho aprendido muito e me beneficiado com os ensinamentos e reflexões de meu pastor. Vou sentir muita saudade dele agora que se tornou administrador no Dallas Theological Seminary. Jean, você me perguntou se eu tive alguma sorte com o anúncio até agora? Bem, sim e não. Conheci algumas mulheres admiráveis por meio desse anúncio (mas, infelizmente, as engrenagens não se entrosaram) e tive algumas experiências horríveis, em que as candidatas foram totalmente inverídicas na apresentação delas. Em consequência disso, portanto, agora não só peço uma foto (sim, sou um homem de aparência normal e gostaria de saber se me vou sentir atraído pela outra pessoa; não, não estou procurando perfeição, uma vez que ela não existe, nem nos homens nem nas mulheres), mas tenho uma lista de perguntas que julgo necessário fazer — não apenas para saber se há conteúdo suficiente além de interesses semelhantes e ser atraído pela foto, mas ter valores e convicções semelhantes é muito importante para mim.

Não estou procurando namorada só para namorar. E, com algumas experiências que tive, não acreditava que seria preciso fazer essas perguntas a uma cristã, mas eu estava errado. Descobri que não devo dar certas características como líquidas e certas, não devo considerá-las pressupostos. Por isso, se você não se incomodar em me enviar outra foto sua (e se enviar e não se assustar com esta parte e quiser levar isso mais adiante), por favor, responda às seguintes perguntas:

1. Você já foi casada? Se sim, durante quanto tempo?
2. Seu divórcio é decisivo? Quando ele se tornou decisivo?
3. Quantas vezes você se casou (inclusive anulações)?
4. Você tem filhos? Eles moram com você?
5. Você já teve algum relacionamento com mulher?
6. Já morou com um namorado depois que se tornou cristã?
7. Você é pentecostal?
8. É de direita, de esquerda ou de centro?
9. Para você, quais são as cinco qualidades mais importantes que deseja e procura em alguém com que deseja compartilhar sua vida (em ordem de importância)?
10. Você fuma ou usa outras drogas?
11. Por fim, quem é Jesus para você e o que ele significa para a sua vida?

Talvez aqui não pareça, mas eu sou uma pessoa muito divertida e gosto de me divertir. Entretanto, tenho de ter cautela (com a experiência) com meus encontros *on-line*. Espero não ter ofendido de maneira nenhuma você, mas, visto que é iniciante nesse tipo de namoro, talvez devesse pensar em fazer algumas dessas perguntas ou outras que queira, já que isso poderia poupar bastante seu tempo e evitar decepções. Sinta-se à vontade para me fazer perguntas sobre mim, pois sou uma pessoa bem aberta.

Aguardando notícias suas.

Deus a abençoe,
John

Quando saírem juntos pela primeira vez, não se comprometa durante muito tempo. Planeje um encontro de uma, duas ou de três horas. Depois de se terem conhecido e feito amizade, você talvez queira aumentar esse tempo. Proceder assim é um modo de ajudar a evitar encontros custosos.

No contato inicial, encontrem-se num local neutro. É mais seguro. Algumas pessoas preferem que a outra não saiba logo de início onde elas moram; querem que primeiro se conheçam. Encontrem-se num café, num restaurante ou em algum lugar em que possam conversar e trocar ideias. Ir ao teatro, cinema e mesmo à igreja não vai ajudar vocês a se conhecerem.

Várias vezes ouvi solteiros dizerem: "Estraguei minha primeira vez que conversei com ele/ela. Acho que estava ansioso para causar boa impressão, fiquei nervoso e não disse nada. Acho que ele/ela achou algo de errado em mim". Talvez o problema que gere estresse seja olhar para esse indivíduo como possível cônjuge. Não. Você não o/a conhece ainda. Vocês estão apenas se conhecendo um ao outro. Nenhum dos dois sabe se vai ou não gostar do outro. Tentar impressionar o outro não adianta. Seja você mesmo e tenha uma conversa exatamente como tem com qualquer outra pessoa. E, em tempo, você nunca sabe aonde você vai encontrar alguém nem como isso vai ocorrer.

Todos nós ouvimos histórias horrendas de relacionamentos que não deram certo. Pense nessa que ocorreu desde o primeiro encontro até os primeiros onze anos de casamento:

> O ENCONTRO E O NAMORO
>
> No meu primeiro ano de faculdade, eu estava com 18 anos. Em janeiro, no início do segundo semestre, chegou um aluno novo. Por natureza, eu sou amigável e extrovertida, por isso a maioria das garotas daquela classe pequena começou a me perguntar quem era "o novo aluno". Ninguém sabia e ninguém ia procurar saber, por isso fui ousadamente até o garoto e disse:

"Oi, quem é você?". Ele me disse o nome dele, e eu, o meu. Em seguida, comecei a apresentá-lo às outras alunas da sala [...].

A ATRAÇÃO

Na época em que conheci Mark, eu era inclinada "para problema" (eu estava namorando caras que não devia). Mark é conservador e imediatamente começou a me tratar "como uma dama". Abria e fechava a porta do carro para mim, cuidando para que meu casaco ficasse todo dentro do carro (e não metade para fora da porta!). Ele me tratava com muito respeito. E mais, era atraente e tinha algum dinheiro para sairmos. Todas as suas qualidades me eram bem atraentes! Parecia também que ele tinha uma relação muito forte com o Senhor.

Mark vinha de uma família muito tranquila, tradicional e reservada, que demonstrava pouca emoção. Eu vinha de uma família muito brincalhona e bem barulhenta — que tinha muito amor e afeto e demonstrava isso —, do tipo em que pai e mãe beijam os filhos na cozinha, quando chegam a casa, de onde quer que tenham vindo. Suponho que essa liberdade de fala, de abraços e de beijos era atraente para Mark, bem como o apoio que ele tinha como pessoa. Acredito que também poderia dizer que tenho alguns "predicados", que seriam atraentes para ele, mas isso seria pôr palavras na boca de Mark [...]. Uma forma de definir as diferenças entre nossas famílias é narrar a vez em que fomos visitar nossas irmãs. Eu e Mark decidimos fazer uma viagem para visitar a irmã dele num dia e, depois, a minha. Elas moravam a quarenta e cinco minutos uma da outra. Tivemos o "jantar de domingo" na casa da irmã dele. Foi completo, com guardanapos e toalha de mesa de linho, assado, batatas e silêncio à mesa. Antes que qualquer pessoa desse a primeira garfada, todos se serviram; e fizeram uma adorável oração de graças. Depois, tivemos o jantar de domingo na casa de minha irmã, completo, com bandejas e guardanapos de papel, muito barulho (as duas famílias tinham filhos), ninguém se lembrou de passar os alimentos ("sirva-se."), frango frito para comer com as mãos e um simples "Obrigado, Senhor, pelo alimento". Achei muito divertido ter essas diferenças tão contrastantes. A partir daí, descobrimos que isso é um retrato muito preciso de cada um de nós. Mark é calmo e reservado, e eu sou barulhenta e extrovertida. Somos muito opostos!

O PEDIDO

Uns seis meses antes de Mark me pedir em casamento, começamos a falar sobre o rumo que nossa relação estava tomando. Nessa altura, estávamos namorando havia dois anos. Nossa dúvida era se achávamos que Deus queria que permanecêssemos juntos. (Não queríamos namorar durante muitos anos; queríamos apenas descobrir se devíamos ficar juntos.) Assim, resolvemos que começaríamos a procurar com insistência o que Deus queria de nós; se romperíamos o namoro ou se ficaríamos noivos! Tínhamos passado por uma relação a distância durante quase um ano — ele estava fora, estudando. Resolvemos que a decisão seria tomada antes que ele voltasse para a escola, em setembro. Eu me sentira como se Deus me tivesse dito no início do relacionamento que ele era aquele com quem me devia casar. (Acho que eu precisava saber isso; caso contrário, talvez tivesse rompido com ele logo depois de termos começado a namorar.) Uma vez que eu não sabia o que Deus estava dizendo a ele, não quis pressionar.

Setembro chegou, passou, e nada de decisão. Decidiríamos no Dia de Ação de Graças, depois, no Natal, e depois, antes de ele voltar para a escola, em janeiro. Comecei a ficar preocupada com a possibilidade de Mark estar propenso a romper o namoro. Se ele fizesse isso, eu imaginava que Deus teria outro plano para mim. Finalmente chegou o último dia antes de ele voltar para a escola. Decidimos sair para jantar. O jantar havia terminado, o restaurante havia fechado e os funcionários estavam limpando o chão quando Mark resolveu que devíamos discutir os prós e os contras em relação a nos casarmos ou não! Para cada pró que eu apresentava, ele apresentava um contra. Comecei a ficar frustrada quando ele finalmente arrolou mais alguns prós. Ele então disse: "Estou confiante de olhar isso; você preenche os requisitos da tarefa" (ou algo muito parecido com isso). Minha resposta (sabendo o que ele queria dizer, mas ainda um pouco frustrada) foi: "O que você está perguntando?". "Estou pedindo que seja minha esposa. Quer casar comigo?". Disse-lhe que aceitaria, com a permissão de meus pais. (Aleluia! Ele finalmente se decidiu!) Voltamos para casa por volta das 22h30 e começamos a ligar para nossos pais. Os meus moravam em Arkansas. Por isso, quando liguei para eles, era quase 1 da madrugada. Minha mãe sempre disse que, se eu ficasse noiva, era para ligar a cobrar; por isso, eu tinha certeza de que ela saberia por que eu estava ligando a cobrar naquele horário. Não precisa nem dizer que nossos pais ficaram muito contentes.

O CASAMENTO

Nosso casamento foi o dia que sempre planejei (exceto pela menina das flores enfiando o dedo no nariz!). Minha meta para esse dia era que o foco fosse Deus. Tivemos uma cerimônia adorável, com muita música — já que minha família aprecia muito a música (fomos criados tocando instrumentos e cantando, em geral com a participação de três gerações!). Meus irmãos participaram do cântico de várias canções. Nossa cerimônia foi planejada em torno do fato de que Deus é o centro de nossa vida E o centro de nosso casamento.

Há muitas histórias como essas. Reserve tempo para procurar uma pessoa, analise-a com cuidado e depois faça a sua escolha.

6

Relacionamentos: curtos, longos e nenhum

Você conheceu alguém que realmente é uma possibilidade. Está interessado nele, e ele está interessado em você. Você não sabe até onde isso pode ir, mas está disposto a prosseguir. Você acabou de conhecê-lo e passa alguns minutos conversando, e há um interesse claro... de ambas as partes. Isso pode vir a ser... bem... vamos pensar em todas as possibilidades: uma amizade, um breve romance, um romance longo, quem sabe até casamento. Quem pode dizer?

O QUE VOCÊ ESTÁ PROCURANDO?

Você já pensou em informar as pessoas sobre o que está procurando? É possível, e pode poupar o seu tempo e o da outra pessoa e até evitar decepção emocional. De vez em quando você vai encontrar anúncios de namoro que contêm expressões como estas: "Procurando romance, compromisso e, por fim, casamento", ou "Vamos nos encontrar e ver o que acontece", ou "Não estou interessado em casamento, mas numa boa amizade". Alguns deles são diretos. Talvez, seja preciso alguma coisa assim, logo de início.

O primeiro passo é decidir o que, finalmente, você está procurando no seu empenho por relacionamento. Alguns homens e algumas mulheres já disseram que, na primeira vez que se encontram com uma pessoa, informam as suas metas de longo alcance. Depois, logo que possível, procuram conhecer as expectativas do outro. Todos têm planos e preferências. Um modo de deixar alguém tranquilo e à vontade para falar é comunicar os próprios ideais. Se você está procurando alguém com quem se casar e essa não parece a pessoa certa, por que perder tempo? Se a pessoa menciona que também procura um futuro cônjuge, mas revela ter tido, nos últimos doze anos, uma série de relacionamentos de seis meses, um atrás do outro, o que isso revela? Você espera ser a resposta para essa busca, mas isso é altamente arriscado. O histórico de relacionamentos de alguém pode conter uma mensagem para você.

Veja o que uma mulher de 33 anos me revelou sobre seus critérios:

O que procuro num homem de fé

> A espiritualidade é o guarda-chuva que abriga várias coisas. Se não houver o guarda-chuva, não me interessam as características físicas do homem. Ele pode ser bonitão, charmoso, bom de conversa, ambicioso e empreendedor; todavia, se não houver as evidências de uma caminhada firme com o Senhor, esse homem não me interessa.
>
> Por outro lado, uma vez que estejamos debaixo do guarda-chuva, as qualidades que considero atraentes são:
>
> - uma pessoa que meus pais aprovem (em particular, meu pai);

- uma pessoa digna de confiança;
- uma pessoa íntegra (sua palavra é seu compromisso — quando ele promete fazer alguma coisa, sinto que posso confiar que ele vai realizar; quando ele diz alguma coisa, sei que ele vai cumprir sua palavra);
- alguém que eu admire — uma pessoa que eu gostaria de imitar;
- alguém atencioso — não alguém que me menospreze;
- um bom ouvinte;
- uma pessoa solícita — que, mesmo discordando de mim em algumas coisas, está pronta a ouvir meu ponto de vista antes de tomar uma decisão;
- alguém que se comunique bem. Embora eu saiba que nem sempre vamos concordar sobre as coisas, nem vamos ter a mesma opinião sobre tudo, quero alguém que pelo menos *tente* me compreender e se comunicar comigo. Esta é uma das qualidades mais importantes que procuro.

A ideia de integridade me volta à mente — em todas as facetas do ser dessa pessoa. Integridade para com seu Deus, para com a esposa, para com o seu empregador, seus amigos, suas finanças (a igreja, o IR etc.) e para com ele mesmo. Será que ele tenta se convencer de algo que não venha ao caso?

A maior parte dessa abordagem bem "restrita" de procurar um homem piedoso tem dois motivos: um é que eu sou cristã, e a ideia de estar com um não cristão não só me desagrada, como também é contra a vontade de Deus. O outro motivo é que tentei do outro modo e *sei* quanto fui infeliz (na verdade, completamente infeliz). Eu sabia que estava envolvida numa relação que não era a ideal, mas não sabia como me livrar dela.

> Com respeito a *namorar*, o ideal é que eu não namore. Em outras palavras, eu gostaria de conhecer o homem devoto como amigo. Gostaria que não houvesse beijo etc. Acredito piamente que posso encontrar alguém e conhecê-lo no nível intelectual e espiritual e saber com isso se quero me casar com ele. O aspecto físico de uma relação não é necessário como parte do processo de namoro. Tenho fé suficiente e creio que Deus suprirá os aspectos físicos de nossa relação quando nos casarmos.
>
> Por consequência, as ideias que julgo corretas e confiáveis são de conhecer alguém em grupos de outros cristãos (quer numa classe de escola dominical, quer na igreja, quer em algum projeto de alcance de pessoas). Gostaria de conhecê-lo em um grupo — pelo menos no início — antes de ter um encontro a dois.
>
> Por fim, contudo *mais importante*, sobre os meus antecedentes, acredito piamente e sei que a oração é essencial no relacionamento. Na verdade, é a oração que vai permitir que Deus me mostre a sua vontade sobre determinado homem na minha vida. Além disso, orar juntos é algo que será essencial para mim.

Algumas pessoas sentem-se perfeitamente satisfeitas e realizadas com relações de curto prazo. Durante anos têm mantido esse tipo de relacionamento e não fazem força para se casar. Às vezes têm constantemente relacionamentos breves e justificam esse comportamento erradamente, atribuindo-o a seus parceiros. Fazem afirmações como estas: "Ela não estava interessada em casamento", ou "Ele não era do tipo que se compromete. Poucos homens querem comprometer-se hoje em dia". Em geral, as pessoas que seguem esse padrão de relacionamento têm, inicialmente, uma atração elevada ou de intensidade máxima, mas nos meses seguintes essa atração tende a diminuir. A relação é boa, e sempre há paixão intensa. É como se houvesse a ação de uma droga química, mas raramente ela dura. Nem sempre se pode explicar por que se é atraído por essa pessoa, e às vezes quem ela é e o que faz não combina com sua lista de qualificações.

A obsessão não precisa corresponder à realidade. A obsessão/paixão é muito comum nos adolescentes e pode se transformar também num hábito constante em adultos na faixa entre 20 e 30 anos. Infelizmente, quando a OP (obsessão/paixão) não ocorre imediatamente, a pessoa talvez não pareça interessada em procurar as possibilidades.

Talvez haja mais esperança numa relação que evolua e dure sem obsessão do que no modelo OP. Quando um casal namora e a intensidade começa a ceder, existe tempo para a avaliação necessária do relacionamento e da outra pessoa, bem como a oportunidade para que se desenvolva um amor maduro. Se ocorrer alguma crise que o faça olhar para a relação de uma nova forma, será muito melhor. É positivo, pois assim é a vida. Quando enfrentarem uma crise juntos, estarão aptos para enxergar o outro, quase sempre um lado escondido do outro. Somos mais dispostos a fazer mudanças em alguma crise.

Quando os casais que fazem aconselhamento pré-noivado ou pré-nupcial entram no meu consultório e afirmam que tiveram uma semana difícil ou defrontaram com preocupações consideráveis, minha resposta é: "Maravilha! Agora podemos trabalhar mais esta semana. Podemos usar o que aconteceu para determinar o efeito sobre sua relação. Isso é positivo". Normalmente eles não olham para a situação dessa forma, mas com o tempo vão enxergar as vantagens. Se, por outro lado, um casal não sofre muita perturbação durante as semanas que passamos juntos, apresento problemas e assuntos que podem desencadear discussão séria, reavaliação ou até conflito. Assim é a vida quando se é casado. O tempo de descobrir se vocês podem de fato lidar com problemas juntos é antes de se casarem.

Com certeza, quando chegar o período de reavaliação e decisão de uma relação, quando decidirá prosseguir ou não, provavelmente você atentará para muitas questões. Você quer continuar essa relação? Se sim, de que maneira? Está satisfeito em mantê-la nesse nível ou quer tentar levá-la para um nível mais profundo e talvez mais duradouro? Nesse momento, você é capaz de tomar essa decisão? É capaz de falar de seus sentimentos, quaisquer que sejam, à pessoa com quem vai viver a vida inteira? Você está pensando em permanecer nesse relacionamento por uma razão positiva ou porque é melhor que permanecer sozinho antes que surja algo melhor?

Talvez uma das questões para você estudar quando começar a conhecer uma pessoa seja: "Essa relação denota ter potencial para durar?". Faça-se essa pergunta e classifique a resposta numa escala de 1 a 10 (sendo 1 "esqueça", e 10, "absolutamente sim"). Faça isso todas as vezes que passar algum tempo com alguém. Siga esse procedimento durante um mês e depois se pergunte: "O que esses resultados me dizem?". Para ajudar você a conhecer melhor uma pessoa, talvez seja bom usar as perguntas da entrevista proposta no Apêndice.

PREOCUPAÇÕES RELATIVAS A UMA RELAÇÃO DURADOURA

Peço sempre que meus aconselhandos respondam por escrito às perguntas feitas para a semana. Descobri que, quando olhamos para nossa resposta escrita, ela causa um impacto maior.

Para alguém envolvido num padrão de relacionamentos de curto prazo ou para alguém que deseja uma relação de longo prazo, talvez seja útil refletir em suas preocupações quanto a prosseguir na relação. Faça uma lista de cinco de suas preocupações e, em seguida, classifique a intensidade de cada uma na escala de 1 a 5.

Minhas preocupações num relacionamento de curto prazo são:

1.
2.
3.
4.
5.

Considere agora algumas dessas preocupações verbalizadas por pessoas solteiras:

- E se eu estiver apenas preenchendo as necessidades do outro, e não as minhas necessidades?
- Não tenho certeza se continuamos falando que o nível de doação é recíproco. Gostaria que fosse de duas mãos.
- Tem sido difícil até aqui. Como posso saber que será melhor? Gostaria de ser mais próximo, mas não quero perder minha independência.
- Se eu continuar na relação, ela pode encontrar em mim outras coisas de que não gosta. Posso ser rejeitado completamente se estiver mais ligado a ela do que estou agora. Quero proximidade, mas não correndo o risco da dor da rejeição. Já sofri isso antes.
- Ele costuma ser muito forte. Se continuarmos a relação, eu posso acabar sendo dominada.

- Sei que sou forte e tenho a tendência de ser controlador. Numa relação de curto prazo, sou bem capaz de pôr limite. Entretanto, quanto mais tempo fico com alguém, mais difícil torna-se isso, principalmente quando vejo coisas que precisam ser corrigidas.
- Envolver-me exclusivamente com alguém é dispendioso. Tenho de abrir mão de minhas atividades, bem como dos amigos do sexo oposto. Alguns são amizades de anos.
- Sou enjoado. Sei disso. É isso que me impede de ficar sério. Eu poderia perder alguém interessante.

OS REBOTEADORES

Aviso: há dois tipos de situações claramente perigosas para a saúde de um futuro casamento. Você já leu sobre uma delas antes, principalmente se é fã de basquete. Na verdade, nesse esporte é vantagem para o time que tem jogadores exímios nessa habilidade. Ela se chama *aproveitar o rebote*. Lança-se a bola ao cesto, mas ela bate no aro, e um jogador salta no ar e agarra o "rebote"; assim, sua equipe tem a posse da bola (ou mantém a posse) e pode ir até a cesta.

Aproveitar o rebote no basquete é positivo. Ficar com alguém no "rebote"[1] não é! Eu vejo isto o tempo todo: um namoro ou um casamento rompe-se por morte ou divórcio, e logo em seguida a pessoa que ficou só envolve-se com outra. Em geral, o ressentido está sofrendo uma dor imensa pela perda e, em vez de viver a perda e o luto sozinho, tenta encobrir um pouco da dor

[1] No inglês, *rebound* (rebote) refere-se tanto ao rebote do basquete quanto à atitude de alguém arranjar um namorado ou uma namorada por despeito de uma relação rompida ou para compensá-la. [N. do T.]

ligando-se a outra pessoa. Os sentimentos positivos são muito mais positivos que a dor do lugar vazio na vida dele. Em certo sentido, a outra pessoa está sendo usada como analgésico pelo reboteador (ressentido/magoado) para anestesiar um pouco a sua dor. Talvez você seja saudável e apto para se comprometer numa relação nesse momento, mas ele ainda não chegou a esse ponto. Os reboteadores iniciam envolvimentos prematuros que os impedem de curar-se e contaminam seu novo relacionamento. Para que uma relação dê certo, os dois indivíduos nela envolvidos precisam ser estáveis e saudáveis.[2]

Se uma pessoa está agora solteira por causa da morte do cônjuge, e se este enfrentou uma doença longa e terminal que provocou sua morte, pode ter havido uma grande dose de luto por antecipação, e o sobrevivente pôde se recuperar muito mais rapidamente depois da morte do cônjuge. Se, porém, não foi assim, é comum levar uma média de dois anos para ocorrer o luto depois do que chamamos de morte natural. Se foi uma morte acidental, o luto pode durar três anos; no suicídio, quatro anos; e, no homicídio, cinco anos em geral. É por isso que é importante fazer parte de grupos de recuperação do luto antes de começar um novo relacionamento.

No divórcio, o indivíduo rejeitado não apenas sofre a perda da relação, mas também a dor da rejeição. Com muita frequência, o magoado procura novos relacionamentos antes mesmo de o processo de divórcio ser concluído. Inúmeras vezes, homens e mulheres que estão passando pelo divórcio me perguntam se é certo eles já começarem a namorar. Normalmente devolvo a pergunta respondendo com outra pergunta: "Perante o Estado

---

[2] Broder, Michael S., ph.D. **The Art of Staying Together**. New York: Hyperion, 1993, p. 125-126, adaptado.

e aos olhos de Deus, você é solteiro ou casado?". Quando reconhecem a verdade (pode levar um tempo para isso ocorrer), digo-lhes: "Se você ainda está casado, não pode namorar. Assim que estiver divorciado, frequente um grupo de recuperação do divórcio e complete o processo. Em seguida, espere pelo menos um ano antes de pensar em namorar. Pelo menos até esse tempo, você ainda não estará preparado. Se você se envolver em relacionamentos antes desse período, provavelmente estará aproveitando o rebote e procurando alguém por causa da dor e da necessidade, e não por uma escolha saudável". Muitos aconselhados não querem ouvir isso. E os que se casam novamente muito cedo passarão por outro divórcio.

Pode ser que o tipo de rebote mais comumente encontrado nos relacionamentos rompidos seja mais bem ilustrado com o arremesso de uma bolinha de *racquetball* contra a parede de uma salinha de sua casa. Ela quica errante de uma parede a outra. Uma jovem relatou o processo disso no meu consultório:

> Eu me sinto como se estivesse numa combinação de carrossel, carrinho bate-bate e montanha-russa, todos reunidos num só brinquedo. Tenho de estar constantemente em atividade, senão acho que vou ficar louca. Estou sempre fazendo algo e saltando de um relacionamento para outro — e, infelizmente, de uma cama para outra. Não gosto de mim por causa isso, e isso me faz sentir ainda pior quanto ao relacionamento que perdi. Decidi procurar coisas mais edificantes para fazer com meu tempo e ficar em casa nas noites de quinta e sexta-feira para provar que sou capaz disso. Dói, mas, agindo assim, acho que vou recuperar-me e tenho certeza de que posso amadurecer com essa experiência. Não quero ficar acorrentada a ele para sempre e acho que, até agora, é assim que tenho estado.

Alguns podem estar preparados para um novo relacionamento mais cedo que outros, mas é preciso se perguntar: "Será que estou sendo considerado por quem eu sou, uma pessoa singular que desperta o interesse de ser procurada, ou estou sendo vista como cura?". A outra pergunta é: "Será que estou vendo a pessoa em quem estou interessado como uma cura ou a estou considerando por quem ela de fato é?".

Como saber, porém, se essa pessoa da sua vida é um reboteador? Em primeiro lugar, antes de investir tempo demais nesse relacionamento, discuta a sua última relação afetiva e a última relação afetiva que ela manteve. Se foi uma relação longa, tanto namoro quanto casamento, entre em detalhes sobre o tipo de relacionamento, o que provocou o fim, há quanto tempo, o que ela fez para se recuperar e como está indo no ajustamento. Isso não é ser intruso, mas seguro e prático. Você talvez queira descobrir quanto é semelhante ou diferente do "ex" dessa pessoa. Tenho visto muita gente escolher um homem ou uma mulher exatamente semelhantes aos da relação anterior, até mesmo nos defeitos. Essas substituições provavelmente serão tão decepcionantes quanto foi a experiência anterior. No entanto, algo os impulsiona a provar que podem ter um relacionamento com pessoas assim. É possível que seja para provar a si mesmos e aos "ex" que o defeito não estava neles. É por isso que muitas filhas que tiveram pais distantes, indiferentes e não apoiadores escolhem maridos muito parecidos com seus pais. As semelhanças podem ser nas características de personalidade, no comportamento, nos valores, nas convicções etc.

Antes de se envolver em um novo relacionamento, é necessário dizer "adeus" ao "ex". É o último passo nos estágios de luto pela relação. Num capítulo posterior, falaremos mais sobre isso.

Os reboteadores costumam manifestar determinadas características. Se você observar essas características no outro, tenha cuidado! Se o outro tem solicitações ou exigências que produzem mudança significativa em sua vida sem que você receba a satisfação necessária, isso é um sinal de alerta. Pode ser um sintoma de rebote ou um traço de personalidade arraigado. Em qualquer dos casos, não é saudável para você.

Quase sempre os reboteadores usam a projeção para aliviar a dor da ruptura. Eles amontoam a culpa na ex-pessoa amada e se concentram nos traços negativos dela (traços que todos nós temos). Essa tendência talvez os impeça de enxergar ou de assumir a parte deles no rompimento. Se um indivíduo assim continua a falar mal da pessoa anterior, quando a relação de vocês está se construindo, ele ainda está envolvido emocionalmente com o "ex", mas com sentimentos negativos. A ira que ele sente pode levar ao ressentimento, que, por sua vez, pode gerar amargura não só direcionada à fonte original, mas talvez a outra pessoa da vida dele e até a você. Talvez você queira descobrir quem mais essa pessoa magoou na vida, por ouvi-la narrar os fatos infelizes vividos. Sem dúvida, você não vai querer ser mais um na sala de troféus de "gente malvada".

Outro meio de se anestesiar da dor da perda, principalmente se você foi o rejeitado, é negar os pontos positivos da ex-pessoa amada. Declarações como estas amortecem a dor da perda: "Sabe, fulana na verdade tinha muitos problemas e defeitos. Não era quem nem o que dizia ser. É melhor afinal eu encontrar outra pessoa".

Outra questão para você analisar é se essa pessoa foi quem rompeu com o "ex" ou se foi a rejeitada. Tanto num caso como no outro, isso tem sido um hábito ao longo dos anos? Onde está o "ex" dessa pessoa agora? Está num novo relacionamento ou se casou de novo? Se sim, será que sou a primeira pessoa por quem ela teve interesse ou havia outras? Se você é o primeiro, por que a pessoa esperou até agora para procurar um novo relacionamento?

OS PRÉ-REBOTEADORES

Existe um segundo tipo de situação que também é prejudicial à saúde de um futuro casamento. Eu não sabia como chamá-lo até recentemente. Um autor chamou-a de *pré-reboteador*. É semelhante ao caso do reboteador, exceto pelo fato de esses indivíduos ainda estarem envolvidos no relacionamento atual e, ao mesmo tempo, procurando uma nova relação. Assim que garantem um novo romance, decidem o que fazer com o atual. Quem pode afirmar que eles não abrirão mão do primeiro relacionamento e manterão os dois ao mesmo tempo? Tenho visto até cinco de uma vez. Se houver problemas entre vocês dois, é muito fácil para essa pessoa voltar para o primeiro relacionamento. E você é quem fica a ver navios.

A seguir, algumas questões que seriam úteis para você e seu futuro se responder com sinceridade. Seria bom você encontrar maneiras criativas de discuti-las com seu namorado em potencial. É essencial também que você responda a elas sinceramente para você mesmo. As perguntas referem-se a "Acabou mesmo?":

1. Com que frequência você pensa na pessoa de seu relacionamento anterior e como? É negativo ou positivo?
2. Com que frequência e de que forma você tem contato com a pessoa de seu relacionamento anterior? Qual é a finalidade desse contato? Que sentimentos você tem quando está com ele?
3. Em que você é semelhante a seu à pessoa de seu relacionamento anterior?

4. Numa escala de 0 a 10, em que medida você teme que esse relacionamento passado possa se repetir?
5. Numa escala de 0 a 10, em que extensão você se sente culpado no relacionamento anterior? Como esse sentimento de culpa o pode afetar na construção do relacionamento com outra pessoa?
6. Numa escala de 0 a 10, qual a medida de sua raiva com referência a seu relacionamento anterior? Se existe ira, o que pode ser feito para resolvê-la?

Sei. Você deve estar pensando: "Nós nunca podemos discutir essas coisas". Alguma vez, porém, você pode. Não só pode; você precisa. Afinal, é o seu futuro. De um jeito ou de outro, você vai descobrir a resposta. Pode ser diretamente ou de uma forma que talvez rompa seu relacionamento. Se você está envolvido com um roboteador ou um pré-roboteador, está sendo usado como muleta. Não se esqueça de que, quando uma perna quebrada é curada, a muleta é descartada. Isso é algo em que pensar.[3]

Pense nisso assim. Se você vai a um novo médico, o que ele faz para atendê-lo? Primeiro, ele faz um histórico médico com algumas perguntas que nem sempre parecem ter relação com a doença que o levou a procurá-lo. A fim de avaliar você adequadamente, porém, o médico precisa do quadro todo.

Se você procura um terapeuta para se aconselhar, de um jeito ou de outro ele pede que você fale de sua história passada. O terapeuta quer lidar não só com o problema atual, mas também com o modo pelo qual ele surgiu e com a forma em que ele o afeta. Assim, ele pode ajudar você melhor.

---

[3] BRODER, p. 128, adaptado.

Avaliar um cônjuge em potencial não é muito diferente e é importante para o seu futuro.

Antes de pensar em entrar numa provável relação de longa duração com alguém e um possível casamento, vamos analisar as questões do tipo "não preciso desses tipos de problemas". Se esses problemas existirem neste momento, talvez você queira pensar neles tanto como um sinal de cautela quanto como um sinal do tipo "interrompa essa relação".

DOADORES, TOMADORES E "COMPROMISSOFÓBICOS"

Há muitos anos, li um livro intitulado *The Givers and The Takers* [Os doadores e os tomadores]. Ele classificava as pessoas em duas áreas. Teoricamente temos a capacidade tanto para dar quanto para receber. Isso é saudável. Contudo, se a pessoa que você namora é exclusivamente um ou o outro, pode ter certeza de uma coisa: as suas necessidades não vão ser supridas.

Se a pessoa que você namora usa de ameaças de qualquer forma para obrigar você a continuar envolvida com ela, como, por exemplo, violência, abalo de sua reputação ou suicídio, você precisa se desligar dela o mais rápido possível. Alguns indivíduos têm dificuldade de receber um "não". (Esse assunto vai ser tratado com mais profundidade num capítulo posterior.)

Fico estupefato com o número de casais cristãos casados que usam a palavra que começa com "D" como ameaça para controlar o cônjuge. Ameaça de divórcio é insalubre para o casamento. Se você convive com alguém que costuma ameaçar ir embora, talvez seja melhor pensar em lhe mostrar a porta de saída!

Se a pessoa que você namora tem um histórico de agressividade, como pode ter certeza de que não vai sofrer essa agressão se ela nunca recebeu ajuda ou tratamento para esse comportamento?

Nas duas últimas décadas, nossa língua tem sido inundada de muitos rótulos novos para tentar explicar os relacionamentos e os problemas da vida. Muitos livros falam de um rótulo que talvez mostre por que alguns indivíduos jamais se casam. O rótulo vilanesco é "compromissofobia" ou "fobia de compromisso"! Até já se deu a entender que temos uma epidemia desse mal. É particularmente doloroso para o parceiro de uma relação que ama profundamente o outro, mas esse outro não consegue assumir um compromisso com ele. Inúmeros livros tratam desse problema, e, em geral, o homem é o culpado. Entre outros títulos, temos *The Dance-Away Lover; The Go-Away-Come-Closer Disease; The Playboy Syndrome; Flight from Commitment; A síndrome de Peter Pan;* e *Men Who Can't Love.*

O indivíduo "compromissofóbico" é aquele que tem um desejo intenso e insaciável de afirmação pelo sexo oposto, junto com a resistência ao compromisso (forte resistência). Esse tipo de pessoa não quer ficar sozinho, mas não quer se aproximar muito. Assim que começa a se aproximar demais, ela se afasta. A mensagem ambígua é: "Chega mais perto. Não se aproxime tanto. Venha cá. Vá embora". Esse tipo é infeliz sozinho e infeliz se tiver de se prender.

Como identificar os "compromissofóbicos"? Se a pessoa tem histórico de relacionamentos de curto prazo, fique atento. Ela cancela encontros românticos com você ou muda de planos com frequência? Você acha que está sendo magoada por esse tipo de pessoa? Você a vê se acalmar e mudar de comportamento? Se não, tenha cuidado!

Se por algum motivo você tiver uma forte impressão de que está envolvido com uma pessoa assim, caia fora. Não tente descobrir por que ela é assim, nem pense que pode mudá-la. Não vai mudar; e não pode mudar. É fácil cair na armadilha: "Queria saber por que ela desmarcou de novo?" ou "Queria saber por que ela está se afastando?". É bem provável que você nunca descubra. Aproxime-se de alguém que denote ter potencial para ser seu futuro cônjuge.

Outra preocupação para as mulheres são os solteiros comprometidos. Um jornal apresentou um artigo com o título "A moda do solteiro", no qual afirmava que cada vez mais os homens estão preferindo a vida de solteiro ao casamento. Muitos homens realmente postergam o casamento para buscar metas acadêmicas ou profissionais. O autor do livro *Bachelors: The Psychology of Never-Married Men* descobriu que muitos homens não se casaram por decisão própria. O estudo revelou que muitos homens mencionaram três tipos de defesas nos relacionamentos: evitação, isolamento e distorção. Os homens solteiros mostraram-se relutantes em se envolver emocionalmente, fazer exigências ou falar de suas necessidades em relações sexuais. A postura de defesa e isolamento lhes permitiu relacionar-se com mulheres, mas em nível superficial. Não havia compartilhamento de emoções. No geral, a tendência deles era ficar distantes, indiferentes. Se houvesse qualquer situação em que se pudessem magoar, entrava em cena a evitação. De acordo com o autor, a característica que surpreendeu no estudo foi a de que apenas 5% dos solteiros com mais de 40 anos jamais se casaram![4]

---

[4] OWENS, Darryl E., extraído de **The Orlando Sentinel**. "Bachelor Fad". **Missoulian**, 20 de junho de 1994, caderno B, Famílias, p. 1, adaptado.

Já vi combinações estranhas no aconselhamento pré-nupcial. Conversei com casais que iam se casar em que um deles particularmente não gostava do namorado, mas achava que isso não era necessário se as necessidades físicas fossem atendidas. Outro casal confessou que tinha atração física um pelo outro e metas financeiras semelhantes, mas não tinha certeza de que gostava da personalidade um do outro! Por que as pessoas nem sequer pensariam em casamento com essas deficiências? Elas, entretanto, pensam. (Felizmente os casais que mencionei acabaram decidindo não se casar.)

MOTIVOS PARA CONTINUAR NUM RELACIONAMENTO DE PERDAS

Diante dos inúmeros problemas mencionados neste capítulo, pense desta forma: Se há um problema agora, por que não se tornaria maior depois do casamento? Se pudesse tomar as medidas necessárias para resolver os problemas, seria maravilhoso. Isso, porém, leva tempo.[5]

Por que você desejaria continuar numa relação se os problemas são tão evidentes (talvez até mais agora, depois de ler o que leu)? Existem alguns motivos para isso.

Pode ser um conflito com baixa autoestima. Uma mulher de 40 anos a quem aconselhei contou-me seu dilema com o namorado. Falou dos constantes menosprezos dele, que lhe deixavam a autoestima em frangalhos. Perguntei por que ela não terminava a relação, e ela me respondeu: "Eu perderia minha companhia. Não me sentiria à vontade de começar de novo com outra pessoa. Além disso, pode ser que as impressões negativas que ele

---

[5] BRODER, p. 127-131, adaptado.

tem de mim estejam corretas". Quando se ouvem negativas suficientes, começa-se a acreditar nelas.

Parece que algumas pessoas são controladas por seus sentimentos, sem levar em conta os fatos objetivos. Percebo que aqueles que gastam tempo com contos românticos e alimentam a fantasia de sua vida com uma relação amorosa intensa enquadram-se nesse grupo. Às vezes aquilo com que se fantasia torna-se tão intenso que se pode ignorar a realidade em que se vive; e deixa-se de perceber os sinais de perigo.

AMANTES OBSESSIVOS

Algumas pessoas são dependentes de amor, não importam as consequências. Numa relação saudável, é possível que você possa esperar e até idealizar que tenha encontrado a pessoa que pode ser a concretização de seus sonhos e de suas esperanças. Isso, porém, é equilibrado com a consciência de que talvez não dê certo. As pessoas que pensam assim têm uma rede de proteção chamada realidade. O amante obsessivo age sem a rede de segurança e nem sequer entende a palavra "incerteza". Quando encontra uma pessoa nova, alardeia: "É isso aí! Esse é meu alguém mágico que vai satisfazer todas as minhas necessidades e me dar felicidade". Suas fantasias e expectativas com essa pessoa especial têm pouco a ver com quem ela é de verdade. O foco de quem age assim está naquilo de que precisa e no que o outro pode fazer para atender a essas necessidades.[6] Um indivíduo assim vive com o mito da paixão definitiva. Para a pessoa que está sendo cortejada, o

---

[6] FORWARD, Susan Dr. **Obsessive Love**. New York: Bantam Books, 1991, p. 23-24, adaptado.

início pode ser lisonjeiro, mas com o tempo é sufocante. Isso se aplica a alguém que você conhece?

Para que alguém se classifique na categoria de amante obsessivo, precisa atender a quatro critérios. Entre eles, ter preocupação excessiva, consumidora e até dolorida com uma pessoa real ou desejada na sua vida. O amante obsessivo é consumido tanto por possuir essa pessoa quanto por ser possuído por ela. É aqui que a racionalidade se rompe. A pessoa que o obsessivo deseja deve ser de algum modo inacessível para ele, ou, quem sabe, na verdade deve rejeitá-lo. Essa pessoa talvez já tenha dito: "Não estou interessada", "Não estou disponível", ou "Se manda!". Isso, porém, não tem importância para o amante obsessivo. A rejeição na verdade alimenta e espanta o amor obsessivo. Por causa da indisponibilidade ou da rejeição, esses indivíduos começam a se comportar de forma contraproducente.[7] O medo da rejeição pode ter efeito semelhante ao de ser rejeitado. E isso é uma forma contrária à expectativa de viver e de começar uma relação saudável. As rejeições são justificadas de modo criativo. São comuns declarações como estas:

> "Sei que ela sai com outros homens, mas eles não são importantes para ela. Ela só se preocupa comigo. Logo ela vai perceber isso".
>
> "Ligo para ele várias vezes por dia e ele desliga. Ele só não consegue encarar quanto se importa comigo. Acho que está assustado e não consegue lidar com isso. Um dia ele vai conseguir".
>
> "Ele ficou duas semanas sem ligar. Isso já ocorreu antes, quando o trabalho ficava muito intenso. Quando o trabalho abrandar, ele volta".

---

7 FORWARD, Susan, Dr., p. 7, adaptado.

Entretanto, todas essas afirmações negam a verdade.

Quando há sexo, esse tipo de relacionamento fica ainda mais complicado. Na maior parte das relações obsessivas, o sexo desempenha papel importante. Normalmente é intenso e prazeroso. O problema é que isso é usado para avaliar a intensidade do amor e da compatibilidade, se o outro se importa e causa idealização do parceiro. O obsessivo usa o relacionamento sexual como sinal de certeza de que essa é "a" relação da sua vida. Contudo, é muito comum o sexo intenso e apaixonado ser confundido com amor. A paixão de curto prazo faz qualquer rejeição doer ainda mais.

Quando trabalhava com casais em aconselhamento pré-nupcial, descobri que quase metade deles tinham um relacionamento puro. Não estavam tendo, nem tinham tido, relações sexuais. Para os que estão tendo relações sexuais, peço que as interrompam e mantenham um relacionamento puro até a noite do casamento. Eles concordam e muitos deles decidem não se casar. Por quê? Alguns disseram — homens inclusive — que, agora que não há mais sexo, podiam enxergar os problemas que havia entre eles de forma mais realista e a força motriz da paixão que parecia ser o cimento entre os dois.

É possível vencer a dificuldade do amor obsessivo. Se você ou alguém com quem está saindo tem esse problema, deixe qualquer envolvimento ou namoro em compasso de espera até que ele seja resolvido. Esse problema pode provocar busca obsessiva, vingança, perseguição e até violência. Você ou alguém que conhece enquadram-se nesta lista? Obsessão com amor pode ter as seguintes características, e só precisa de algumas para indicar a existência do problema:

- Anseia por alguém que não lhe é acessível física ou emocionalmente.

- Vive para o momento em que seu desejado estará disponível para ela.
- Acredita que, se desejar a pessoa suficientemente, ela acabará tendo de amá-lo também.
- Acredita que, se continuar indo atrás dessa pessoa com insistência e tempo suficientes, ela vai aceitá-lo.
- Quando é rejeitado, deseja ainda mais a pessoa, e as rejeições constantes provocam depressão ou ira.
- Sente-se vítima pela falta de resposta da parte da outra pessoa.
- Acredita que somente essa pessoa pode preencher e satisfazer sua vida.
- É tão preocupada com o outro a ponto de deixar que isso lhe prejudique o trabalho, o sono, a alimentação etc., ou liga insistentemente para a pessoa em hora imprópria, controla os passos dela, verifica tudo etc.[8]

Isso talvez pareça a você doentio. E é. Contudo, é reversível; o indivíduo pode passar a ter relacionamentos normais e saudáveis.

CONSIDERAÇÕES PARA UM RELACIONAMENTO DURADOURO

Se você busca um relacionamento duradouro e que satisfaça a ambos — a você e a seu par —, não há limite de tempo no que diz respeito a quanto tempo leva para conhecer a outra pessoa em todo tipo de ambiente e em toda e qualquer circunstância. Trabalhe com ela durante dois ou três dias direto num projeto missionário de sua igreja, ou fazendo limpeza e cozinhando

---

[8] FORWARD, Susan, Dr., p. 11-12, adaptado.

num fim de semana para alunos do ensino fundamental. Permaneça com ela em ocasiões prolongadas com a família ou amigos íntimos dela. Se possível, passe um dia com ela no trabalho, pintando uma casa juntos, faça compras com ela durante algumas horas (ai, ai, ai!) etc.

Quanto tempo você deve dar até mudar de uma relação curta para uma relação duradoura? Vamos dizer que de três meses a um ano. Não se pode acelerar esse processo, nem contorná-lo. Tenho visto e ouvido o tempo todo casais que queimam a etapa do flerte; mas, na maioria dos casos, esse recurso não dá certo e a relação (casamento) acaba morrendo. Ambos disseram que "parecia que ia dar certo". Não tiveram tempo para nenhuma crise ou diferença. Outro casal, na faixa dos 20 anos, ficou noivo três meses depois de se conhecerem, por causa do sonho que a jovem tinha de se casar, do relacionamento físico dos dois e do dinheiro extra que ele receberia por ser casado enquanto servia no Exército.[9]

É preciso haver tempo para a paixão, atração física, química, ou seja lá que nome vocês deem, ceder e vocês poderem lidar com os verdadeiros problemas da vida e deixar o amor crescer. Tomara que a química inicial continue e se equilibre; mas é preciso muito mais. Se a relação produziu paixão intensa por causa de sexo, e o romance começa a desaparecer, os casais que acreditam que esse tipo de relação é essencial normalmente não continuam juntos. As probabilidades contrárias ao amor eterno e apaixonado são insuperáveis. Quando isso é compreendido e se decide contentar-se com sentimentos mais tranquilos de satisfação, o relacionamento tem mais chances.

---

[9] Broder, p. 30, adaptado.

Isso acontece com o tempo. Até os sociólogos e os demógrafos seculares já reconheceram indicadores do que contribui para um casamento feliz e duradouro. Dois deles são casar-se depois dos 20 anos e namorar durante um bom tempo antes de se casar.[10] Você tem orado por esse passo futuro? Apresentar uma relação diante de Deus e pedir-lhe clareza, discernimento e sabedoria é uma etapa importante. Observar a relação à luz das Escrituras é outro meio de descobrir a vontade de Deus. Em todo relacionamento, concentre-se em Provérbios 3.5,6: "Confie no SENHOR de todo o seu coração e não se apoie em seu próprio entendimento; reconheça o SENHOR em todos os seus caminhos, e ele endireitará as suas veredas". Em seguida, pergunte-se: "Essa relação vai me (nos) levar a uma expressão mais forte e completa no refletir a Palavra de Deus em minha vida? A resposta a essa pergunta talvez seja tudo de que você precisa.

Antes de buscar um relacionamento duradouro, faça uma lista dos indicadores de que essa relação está sendo satisfatória o bastante para você continuar a mantê-la. Observar por escrito dá maior clareza. Quando trabalho com casais prestes a se casar, eles refletem cuidadosa e profundamente nessa questão e trazem para a primeira sessão uma lista de dez indicadores das razões por que esse é o momento da vida deles em que devem se casar. Eu gostaria de ver isso acontecer na transição de um relacionamento de curto prazo para uma relação duradoura e, repito, quando um casal começa a pensar seriamente em se casar.

Veja alguns indicadores ou motivos relatados por outras pessoas e faça uma análise deles. Um homem na faixa dos 40 anos me disse o seguinte:

---

[10] MYERS, David G., ph.D. **The Pursuit of Happiness**. New York: William Morrow & Co., 1992, p. 168-169, adaptado.

> Depois do divórcio (na verdade, mesmo antes dele) comecei a estudar, à luz da Bíblia, os motivos do insucesso do meu casamento. Acredito que esse processo tenha compensado muito bem em termos da minha edificação de um estilo de vida verdadeiramente cristão (i.e., *devoto*) e de aprender o compromisso e a maturidade necessários para um casamento cristão. Tive também encontros mais prolongados nos últimos cinco anos e pude conhecer muitas mulheres com vários históricos de vida. Enquanto isso, comecei a elaborar uma lista de características *obrigatórias* e outras *desejáveis* que eu precisava encontrar numa mulher que tivesse significado em minha vida. Os critérios da lista: 1) princípios e mandamentos bíblicos; e 2) minhas preferências, desejos, necessidades, esperanças etc. individuais. Pela primeira vez na minha vida, tenho um sistema de valores e critérios determinados pelos quais avalio uma companheira em potencial.

Esse homem de fato encontrou sua cara-metade. Seu crescimento pessoal e o planejamento cuidadoso compensaram.

Uma mulher na casa dos 30 anos, contou-me sua experiência:

> O momento é certo porque pela primeira vez a pessoa é certa. Houve outros com muitas excelentes qualidades, também, mas, além delas, Tony é a pessoa certa. Uma coisa muito alentadora é que, quando ele tem um dia de folga e está mal-humorado e se mostrando desagradável, eu ainda o amo. Isso em si é reconfortante.

Que tal? Você está emocional e espiritualmente onde deseja estar e pronto para o que for preciso numa relação de longo prazo e permanente? Você já tratou de todas as suas preocupações? Já completou as etapas avaliativas necessárias?

Talvez esse seja o momento de você dar um passo à frente na sua relação.

Quando estiver pensando em se casar, dê o passo seguinte e comece um aconselhamento pré-nupcial ou pré-noivado. A oportunidade de passar seis a oito horas com um ministro ou conselheiro pode ajudar você a identificar problemas que talvez tenha deixado passar despercebidos, vai o ajudar a eliminar surpresas futuras e aperfeiçoar habilidades que você vai precisar no casamento.

7

"Como saber se estou apaixonado"?

No meu consultório: um casal sentado à espera da primeira sessão de aconselhamento pré-nupcial. Os dois chegaram com uma mistura de expectativas e apreensão, uma vez que ficaram sabendo que as sessões seriam rigorosas. A meio caminho de nossa reunião, peço ao homem que defina com detalhes o amor que tem pela noiva. Depois da resposta dele, faço à mulher uma pergunta que a assusta, visto que ela supunha que sua pergunta seria a mesma que fiz a ele. A pergunta é: "Como você sabe que o ama? O que a convenceu disso?". Algumas vezes as respostas são completas e cheias de conteúdo, enquanto outras deixam a desejar. Já ouvi comentário como este: "Bom, eu só sei que o amo. Não dá para explicar". Quem sabe, porém, esse amor precise ser analisado, explicado e até aumentado? Já tive em meu escritório indivíduos que perguntaram: "Como sei que estou apaixonado? Como se pode ter certeza disso? O que é o amor?". Todas essas perguntas são importantes.

Um dos meus *cartoons* favoritos retrata duas galinhas olhando dois cisnes com os pescoços entrelaçados e olhos vidrados. À pergunta "O que é amor?", uma das galinhas responde: "Amor é um sentimento que se sente quando se tem um sentimento que nunca se sentiu antes". Isso pode ser amor ou pode ser cebola estragada que você comeu no almoço.

Como você definiria o amor? Qual a diferença entre amor e paixão? O amor romântico ou apaixonado é necessário num relacionamento? E a grande pergunta: "Como você sabe quando está amando de verdade?".

Vamos refletir em alguns fatos essenciais acerca do amor:

- *Amor à primeira vista é raro.* Pode ocorrer imediatamente uma atração apaixonada, mas o verdadeiro amor precisa de tempo para ser cultivado.
- *O amor NÃO é sempre o mesmo.* Sua reação emocional ao seu cônjuge vai variar ao longo dos meses, anos e décadas de relação.
- *Muitos indivíduos podem se apaixonar muitas vezes.* A atração física e emocional, porém, quase sempre involuntária de "se apaixonar", não deve ser confundida com o compromisso voluntário e permanente de amar de forma abnegada a pessoa que conquistou seu coração.
- *O amor numa relação matrimonial pode diminuir e até morrer.* O amor deve ser alimentado e cuidado com dedicação e afagado com o passar dos anos para suportar a tensão de duas pessoas imperfeitas que moram juntas.

Também gosto do que M. Scott Peck diz no seu livro *The Road Less Traveled* sobre a ilusão que corrói tantos casamentos hoje em dia:

> Para ser tão eficiente em nos fazer cair nos laços do casamento, a experiência da paixão deve provavelmente ter como uma de suas características a ilusão de que ela vai durar

> para sempre [...]. O mito do amor romântico nos diz, com efeito, que para cada rapaz do mundo há uma moça que foi "feita para ele", e vice-versa. Além do mais, o mito implica que há apenas um homem feito para determinada mulher e apenas uma mulher para determinado homem, e isso "está escrito nas estrelas". Quando conhecemos a pessoa para quem fomos feitos, o reconhecimento é o fato de nos apaixonarmos. Já encontramos a pessoa que os céus nos prepararam e, já que a combinação é perfeita, seremos capazes de satisfazer todas as necessidades um do outro para todo o sempre e, assim, daqui em diante, viveremos felizes em perfeita união e harmonia. Ocorre, porém, que nós não satisfazemos todas as necessidades um do outro. Desse modo, surge atrito, e a paixão acaba. Fica claro, portanto, que se cometeu um erro fatal. Erramos ao ler as estrelas, não nos conectamos com o único e perfeito par, o que achávamos fosse amor não era amor real nem "verdadeiro". Agora não se pode fazer nada em relação ao problema, a não ser viver infeliz daqui por diante ou pedir o divórcio.[1]

O amor não é algo que simplesmente acontece; ele deve ser cultivado para poder crescer.

AMOR ROMÂNTICO: CRENÇAS, FALÁCIAS E VANTAGENS

Essas ideias talvez sejam novas para você ou talvez você já tenha conhecimento delas. Quem sabe elas até o aborreçam, principalmente se você é uma pessoa altamente romântica?

O amor romântico e apaixonado é um ingrediente necessário, mas tem de haver mais que isso para que o casamento dure.

---

[1] PECK, M. Scott. **The Road Less Traveled**. New York: Simon & Schuster, Inc., 1978, p. 91. Reimpresso com permissão de Simon & Schuster, Inc.

O amor romântico é uma parte integrante do processo, mas também pode ser a grande ilusão de um relacionamento. Ele, porém, nos faz sentir tão bem! Em geral, o que vem antes do amor romântico é a paixão. O dicionário define "paixão" como "um sentimento, ou emoção, levado a um grau de intensidade tão alto que se sobrepõe à lucidez e à razão".[2]

Esse sentimento também pode ser definido como encantamento, afeição absorvente, bem como *amor cego*. A pessoa vê o que quer ver, mas na verdade isso não existe. Pode ser ainda que o que se vê não seja o que se tem! E quando isso acaba é como saltar do avião sem paraquedas. A queda é longa e doída. Alguns bioquímicos acreditam que uma substância semelhante à anfetamina é liberada pelo cérebro do indivíduo apaixonado e provoca uma sensação de "viagem" semelhante à induzida por determinadas drogas. Quando, porém, cessa o encantamento, ocorre a síndrome da abstinência. Os psicólogos dão a entender que na maior parte das vezes o encantamento implica apaixonar-se por alguém que preenche algum vazio na vida da gente, mas nossa intenção não consegue produzir aquilo que procuramos.[3]

Nessa situação, as pessoas enxergam por lentes cor-de-rosa, e a objetividade é baixa. O outro é visto como a resposta a todos os problemas e falhas pessoais do apaixonado. Parece que o outro preenche as partes faltantes do apaixonado. A vida ganha um frescor, e a pessoa querida é a melhor que se pode encontrar. O apaixonado sente-se onipotente, e todo o seu interesse e toda a sua atenção estão no objeto da paixão. Talvez você

---

[2] *Aurélio Século XXI.*

[3] PAGE, Susan. **If I'm So Wonderful, Why Am I Still Single?** New York: Bantam Books, 1988, p. 106, adaptado.

ache que isso só acontece a adolescentes, mas já vi atacar gente de 20, 30 e 40 anos. Muita gente não gosta de reconhecer que está enfeitiçada; ao contrário, essas pessoas dizem que têm um amor romântico muito intenso pelo seu par. Também procurei essa palavra no dicionário e descobri que *romance* (*idílio*) tem a ver com "apelo emocional sem base em fatos; imaginário, visionário, caracterizado pelo apelo imaginativo ou emocional do heroico, aventuroso, remoto, misterioso ou idealizado; ressalta as qualidades emocionais subjetivas; é marcado pela constituição de um amor apaixonado".[4]

Quando existe o amor romântico, o indivíduo acha que ninguém jamais sentiu o que ele está sentindo. Quase sempre há uma sensação estranha de "apesar de termos acabado de nos conhecer, sinto como se já o conhecesse a minha vida inteira". Parece haver uma sintonia ou ligação instantânea. Muitos, porém, dizem que o amor romântico é um mito perigoso para a relação conjugal.

É como M. Scott Peck define o "mito do amor romântico" na passagem que acabei de citar: "encontramos a pessoa que os céus nos prepararam e, já que a combinação é perfeita, seremos capazes de satisfazer as necessidades um do outro para todo o sempre".[5]

No amor romântico existe uma "viagem" emocional. Existem sentimentos elevados de prazer, triunfo e a convicção de que "posso fazer agora o que não podia fazer antes". Quase sempre ele supera a dor e a desilusão remanescente de nossa vida e nos

---

4 Tradução livre da informação do autor, colhida no *Webster's New Collegiate Dictionary*.

5 Citado em **Love Gone Wrong**, de Thomas Whiteman e Randy Peterson. Nashville: Thomas Nelson Publishers, 1994, p. 41.

contempla com a falsa promessa de que vai durar para sempre. Prospera na incerteza e na novidade. O amor romântico também funciona como um anestésico para as dores da nossa vida. Isso pode ocorrer, quer haja envolvimento sexual, quer não. Se houver sexo na relação, a paixão física sempre gera uma intensidade dos sentimentos românticos que só pode ser mantida por experiências sexuais orgásticas. Por sua vez, esse amor intenso pode fazer que os casais passem por cima de seus valores cristãos, e a relação sexual plena pode se tornar a consequência última da experiência romântica deles.

A euforia romântica, contudo, desvanece. Isso é fato. Sobre o assunto, M. Scott Peck acrescenta:

> A experiência de se apaixonar invariavelmente é passageira. Não importa por quem nos apaixonemos, mais cedo ou mais tarde não teremos mais paixão se a relação durar o suficiente. Isso não é dizer que invariavelmente nós paramos de amar a pessoa por quem estávamos apaixonados. Antes, é dizer que a sensação amorosa extática, que caracteriza a paixão, sempre passa. A lua-de-mel sempre acaba. A florada do romance sempre se extingue.[6]

Muita gente sustenta o amor romântico na atração física e muito cedo acaba fazendo amor físico. Na intensidade dessa paixão, essas pessoas decidem se casar. Quando esse amor diminui, é preciso começar um amor novo e maduro para substituí-lo. Se isso, porém, não ocorrer, é bem provável que o casal se divorcie ou ambos os cônjuges tenham casos extraconjugais. As duas alternativas são a tentativa de recuperar os sentimentos que se perderam. A atração física em si, sem os outros elementos de

---

[6] PECK, p. 84

um amor mais profundo, sustenta um casamento durante cerca de três a cinco anos. Só isso. Parte desses três a cinco anos talvez tenha sido gasta antes de se casarem.[7]

Quando um casal se casa com base no estágio da atração romântica, o que lhe espera é que esse romance dure talvez cinco a oito anos, até as coisas começarem a se revelar e a crítica e os ataques mútuos se intensificarem.

Quais os problemas de uma relação baseada apenas no romance inicial? Pense nessas crenças e nos fatos reais relativos a elas.

A primeira crença afirma: "O amor é um sentimento avassalador que nos acontece simplesmente". Isso é uma convicção falsa acerca do amor. O amor não é algo que acontece assim sem mais nem menos. O amor não é apenas emoção, um ímpeto de sentimentos completamente incontrolável. Entretanto, quando há uma química poderosa que "liga" os dois, intensificada por ambientes românticos e experiências e encontros sexuais, você acredita que ele acontece assim, simplesmente. Contudo, acredite ou não, isso não é amor. A paixão e o amor genuíno não são a mesma coisa. O romance é semelhante a uma granada de mão, com o pino puxado e um estopim de ação retardada, com o tempo restante para a explosão desconhecido. É só uma questão de tempo suficiente para explodir.

As emoções românticas não se escolhem nem se decide experimentá-las. É muito provável que elas ocorram. Só não as equipare ao amor.

A segunda crença é que ter sentimentos românticos sempre levará a um final feliz. Afinal, "o que poderia dar errado quando

---

[7] Dr. Phillip Captain, professor da Liberty University, Lynchburg. Apresentação em oficina do Congresso Internacional sobre Aconselhamento Cristão, em Atlanta, 1992.

temos esses sentimentos tão intensos?". As explicações lógicas aos casais nesse estado raramente têm efeito porque o raciocínio deles em relação a eles mesmos foi desligado.

Às vezes uma parte tem consciência de que seu objeto de amor tem deficiências ou isso não é o melhor para eles, mas o amor dos dois extrapola o bom senso. Contudo, a pior maneira possível de se decidir casar com alguém é tomar como base apenas as emoções românticas. Afinal de contas, se não houver mais nada, em que se vai apoiar quando (não *se*, mas *quando*) esses sentimentos passarem? Há alguns anos, uma conhecida minha ligou para mim muito empolgada para me contar que tinha acabado de ficar noiva e queria aconselhamento pré-nupcial. Disse-me que se havia apaixonado profundamente por um homem que conhecera durante seis semanas e que os dois sabiam que eram feitos um para o outro. "Não é maravilhoso?", comentou. Choquei-a respondendo: "Não, não é" e continuei explicando por quê. Ela se ofendeu, casou-se com o homem e se divorciou dele dois anos depois de descobrir que ele era *gay*. Isso podia ter sido evitado.

Uma terceira opinião é que nossos sentimentos românticos e os resultados certos ocorrem "porque meu namorado é a pessoa perfeita para mim". Não enxergamos os defeitos. Em vez disso, passamos por cima deles ou lhes desconsideramos a existência. É maravilhoso encontrar alguém tão bom. No entanto, não existe ninguém perfeito. Namore alguém durante tempo suficiente e saberá. É por isso que namorar por um tempo prolongado e conhecer a pessoa é a melhor preparação para um casamento duradouro. Isso implica trabalhar com a pessoa sobre projetos, observá-la sob estresse e passar períodos longos com ela e a família dela.

A última crença sobre o amor romântico é que ele é totalmente espontâneo e acontece por acontecer. Isso nos leva a acreditar que amar alguém é fácil. O amor, porém, é trabalho. É compromisso. É um ato de vontade. Fácil é a paixão; o amor, não. Gosto do que Thomas Jones diz sobre amor e paixão: "A paixão baseia-se em atração sexual, no prazer do romance e na imaginação. O amor baseia-se em decisões, promessas e compromissos".[8]

Será que pode vir algum bem do amor romântico? Sim, certamente. Neil Warren, no seu excelente livro *Finding the Love of Your Life*, propõe que

> O amor apaixonado presta um poderoso serviço enquanto dura. Ele focaliza toda a atenção de duas pessoas uma na outra o tempo suficiente para que elas construam uma estrutura resistente para o relacionamento. A paixão pela experiência do amor jamais prenderá os dois juntos para sempre. "Estruturas resistentes" de um relacionamento, porém, demandam muito tempo e empenho e, se os dois não tiverem atração física um pelo outro, o trabalho duro talvez nunca seja feito. Esta é mais uma função do amor paixão — a experiência transformadora de ser aceito e valorizado. Quando duas pessoas estão totalmente absorvidas uma pela outra, em geral vivenciam um aumento impressionante na autoestima. Isso porque, ao descobrir que alguém os acha atraente, os dois também começam a se enxergar como atraentes. O amor apaixonado concentra-se numa luz brilhante e positiva em que cada um dos envolvidos, e os dois, apaixonam-se não apenas um pelo outro, mas também por si mesmos.[9]

---

[8] Jones, Thomas F. **Sex and Love When You're Single Again**. Nashville: Thomas Nelson Publishers, 1990, p. 93-96, adaptado.

[9] Warren, Neil Clark, ph.D., **Finding the Love of Your Life**.Colorado Springs: Focus on the Family, 1992, p. 81-82. Todos os direitos reservados. Copyright internacional garantido. Usado com permissão de Focus on the Family.

É necessário um pouco de atração física ou reação emocional. É difícil edificar um casamento forte quando não se sente atração física um pelo outro. Tenho visto gente tentar dizer a si mesma que é atraída por outra pessoa. Lembro-me do meu tempo de faculdade, em que eu tentava me convencer de que estava sendo atraído por uma garota com quem saí uma vez, mas foi um exercício inútil. A atração acontece ou não acontece, e dizer que a atração não é importante é um tanto irreal. A mensagem do dr. Warren resume muito bem a natureza positiva:

> Acho que a invenção de Deus do amor apaixonado é uma das partes mais esplendorosas de sua criação. Estou convencido de que toda pessoa deve ter a oportunidade de desfrutar esse tipo de amor em algum momento. Não existe substituto para o amor profundo que duas pessoas têm uma pela outra. Nos estágios iniciais de um relacionamento, entretanto, deve haver muito cuidado com a expressão desses sentimentos. O amor apaixonado tem um meio de provocar um curto-circuito no cérebro e achatar o pensamento racional. Se não houver controle consciente, o casal, eufórico, começará a se comportar de forma prejudicial à relação e a cada um deles.[10]

O envolvimento sexual prematuro é negativo por vários motivos. Uma razão importante é que ele pode iludir o casal a se casar por causa do que estão vivenciando. Tomar a decisão de se casar nesse estágio sem deixar o relacionamento se desenvolver plenamente é como deixar um primeiranista de medicina realizar uma neurocirurgia antes mesmo de completar o curso e a residência hospitalar! Você não vai querer tomar uma decisão para a vida toda com base apenas na paixão. Não se esqueça de que

[10] Warren, Neil Clark, ph.D., p.84.

quanto maior o envolvimento físico, mais vocês tendem a se isolar de seus amigos. Quanto maior o envolvimento físico, menor a comunicação. O envolvimento físico provoca curto-circuito no amadurecimento da relação.

Que tipo de amor um casal deve levar adiante? *Phileo* é um tipo; é o amor amizade. Ao passo que o amor paixão não pode sustentar um relacionamento, o amor amigo ou compassivo o pode. Se ainda não se criou uma amizade na relação, é prematuro pensar em casamento. Amigo é alguém com quem gostamos de estar. Gostamos da companhia dele, da personalidade dele. Pode-se trabalhar e se divertir junto com um amigo. Há interesses comuns entre as duas pessoas. Não é que vocês se amem apenas pelo que têm em comum, mas tendo afinidades comuns é possível aperfeiçoar um tipo de amor diferente. É o companheirismo, a comunicação e a cooperação. Leia o que diz um autor sobre o amor companheirismo:

> Pode ser definido como um forte laço, com uma ligação terna, como o prazer da companhia e amizade um do outro. O amor companheirismo não se caracteriza por paixão frenética, nem pela empolgação constante, embora esses sentimentos possam ser vivenciados de vez em quando. A principal diferença entre o amor apaixonado e o amor companheirismo é que o primeiro viceja na privação, na frustração, no alto nível de excitação sexual e na ausência. O segundo viceja no contato e exige tempo para crescer e amadurecer.[11]

Tenho visto muitos casamentos nesses anos se desfazerem não só porque esse tipo de amor era inexistente, mas também porque

---

[11] MURSTEIN, Bernard I. **Paths to Marriage**. San Mateo: Sage Publications, 1986, p. 110.

os casais nem sequer sabiam cultivá-lo. Quanto maior o tempo que um casal dedica à relação fora do típico processo do namoro, mais esse tipo de amor pode se desenvolver. Quando o *phileo* ou amor companheirismo for cultivado, os casais terão como estabilizar a relação quando o amor romântico desaparecer. Infelizmente algumas pessoas com certas inclinações de personalidade são praticamente viciadas no "barato" ou "excitação" do amor romântico. Quando ele diminui, elas se desfazem ou se lançam na busca de uma relação nova e excitante.

AMOR AMIZADE

O que o amor amizade acarreta? Dedicação não egoísta à felicidade do outro. Ocorre quando a realização das necessidades do outro passa a ser uma de suas necessidades. É aprender a gostar do que o outro gosta, não apenas para convencer o outro de que você é a pessoa certa, mas também para *aperfeiçoar* o próprio prazer, ao mesmo tempo que compartilham o prazer juntos. Minha esposa nutriu um gosto genuíno pela pesca da truta, a ponto de ter o próprio par de botas de pescador e uma poltrona inflável. E eu aprendi a gostar genuinamente de arte e pintura. Nós dois aprendemos, e isso nos aproximou mais. Amizade significa fazer algumas coisas juntos, mas também ficar à vontade para ter os interesses individuais preservados e incentivar um ao outro a manter esses interesses individuais. Existe um equilíbrio entre o prazer de estar juntos e a individualidade.

A amizade implica certo grau de intimidade no qual há abertura, sensibilidade e ligação afetiva. Na amizade, o casal também compartilha metas, planos e sonhos, além de trabalhar nisso juntos.[12]

---

[12] Warren, p. 97-99, adaptado.

AMOR ÁGAPE

Outra forma de amor entre as pessoas, o amor ágape, tem a capacidade de aumentar nossa gratidão bem como nossa consciência e lembrança constantes do amor ágape de Deus por nós. Uma atitude de gratidão por tudo o que se revela na vida. Somos capazes de enxergar as qualidades e os atributos positivos de nosso cônjuge e nos concentrar nesses aspectos, que de outro modo poderíamos deixar passar despercebidos ou, por serem óbvios, não dar valor a eles. Nossa mentalidade e nossas atitudes podem ser redirecionadas pela presença do amor ágape. A atitude de valorização nos faz corresponder com amor ainda maior a nosso cônjuge.

O amor ágape se manifesta em algumas características. A primeira de todas é *amor incondicional*. Esse amor não depende do comportamento de seu cônjuge, mas de sua necessidade de compartilhar esse ato de amor com ele. Senão, seu cônjuge poderia viver com medo de que você restrinja seu amor à correspondência dele às suas expectativas.

Às vezes é preciso aprender a amar o outro incondicionalmente. Leia o que certo marido me revelou:

> Quando nos casamos, eu e minha esposa éramos inseguros, e ela fazia de tudo para procurar me agradar. Eu não percebia quanto eu era dominador e desatencioso para com ela. No começo de nosso casamento, minhas ações fizeram que ela se retraísse ainda mais. Eu queria que ela fosse autoconfiante, que tivesse a cabeça e os ombros erguidos. Eu queria que ela deixasse os cabelos longos e estivesse perfeita o tempo todo. Queria que ela fosse feminina e sensual.
>
> Quanto mais eu demonstrava o desejo de que ela mudasse, mais retraída e insegura ela se tornava. Eu a

estava transformando exatamente no oposto do que eu desejava que ela fosse. Comecei a perceber as exigências que eu lhe impunha, não tanto por palavras, mas pela expressão corporal.

Pela graça de Deus, aprendi que eu devia amar a mulher com quem me casei, não a mulher de minhas fantasias. Firmei comigo o compromisso de amar Susan pelo que ela era — do jeito que Deus planejou que ela fosse.

O amor ágape é praticado a despeito de como o outro se comporte. Essa forma de amor verdadeiro é o compromisso incondicional com uma pessoa imperfeita. Exige mais de nós do que podemos imaginar. No entanto, foi a isso que você se comprometeu quando se casou.

O amor ágape é também um amor transparente. É suficientemente forte para deixar que o parceiro se aproxime de você e de seu lado interior. A transparência implica sinceridade, verdade e divisão de sentimentos negativos e positivos. Paul Tournier contou a história de uma mulher cuja mãe lhe dera este conselho: "Não conte tudo ao seu marido. Para manter seu prestígio e conservar o amor do marido, uma mulher deve esconder algum mistério dele". Tournier comenta: "Que erro! Isso peca ao deixar de reconhecer o sentido do casamento e o sentido do amor. A transparência é a lei do casamento, e o casal deve se empenhar incansavelmente por ela, a custo de confissões que sempre são novidade e às vezes até muito duras".[13]

O amor ágape tem um reservatório profundo de que se pode colher. Não importa o que ocorra, o amor é presente e dá estabilidade nos momentos de estresse e conflito.

---

[13] TOURNIER, Paul. Fonte original desconhecida.

A bondade ágape é um poder serviçal. Bondade é a disposição do amor de aperfeiçoar a vida do outro. É a prontidão para se aproximar do outro e deixar que ele se aproxime de você. Ágape é procurar contentar-se com aquilo que não atende às próprias expectativas.

O amor ágape deve estar no cerne do casamento. É amor de autoentrega que continua atuando, ainda que o outro deixe de ser amável. Esse amor mantém vivos os outros tipos de amor. Implica em bondade, solidariedade, compreensão, solicitude e sensibilidade às necessidades da pessoa amada, mesmo quando se acha que ela não merece isso.

Se atualmente você está tendo um relacionamento com alguém, pense nestas questões: Você conseguirá ser feliz com essa pessoa se ela nunca mudar? Você está amando a pessoa com quem está agora ou é um sonho imaginário? Conseguirá ser feliz com essa pessoa se ela mudar de uma forma que você jamais sonhou? O amor com raízes no compromisso sobrevive às pressões e à dor das decepções da vida.

Pense nisto:

> Amor significa comprometer-se sem garantia de nada; é dar-se completamente, na esperança de que seu amor produzirá amor na pessoa amada. Amor é um ato de fé. Quem tem pouca fé também tem pouco amor. O amor perfeito é aquele que dá tudo e não espera nada. É, sem dúvida, disposto e tem prazer em qualquer coisa que lhe derem; quanto mais, melhor. Por sua vez, não pede nada. Isso porque, quando não esperamos nada e não pedimos nada, jamais nos enganamos nem nos decepcionamos. A dor ocorre somente quando o amor exige.[14]

[14] Leuche, David L. **The Relationship Manual**. Columbia: The Relationship Institute, 1981, p. 3, adaptado.

Uma vez que o amor ágape é o cerne da relação amorosa conjugal, vamos refletir um pouco mais sobre esse dom de amor.

O amor ágape é capaz de curar. Para demonstrar o poder desse amor, vamos aplicá-lo a um aspecto crucial que afeta o casamento: a irritabilidade. A irritabilidade é uma barreira e mantém o outro a distância, se ele sabe que ela existe em nós. É a plataforma de lançamento para o ataque, a agressão, a ira, as palavras ácidas, o ressentimento e a recusa das ofertas de amor do outro.

O amor ágape é singular porque nos faz procurar suprir as necessidades do outro e não exige reciprocidade em relação às nossas necessidades. Nossa irritabilidade e a frustração diminuem porque estamos procurando satisfazer a outra pessoa em vez de buscar e exigir a satisfação da nossa necessidade.

Vamos raciocinar juntos mais uma vez sobre o seu amor. Visto que às vezes é difícil determinar se o que você está sentindo é amor genuíno, há alguns testes para o amor. Em *I Married You*, Walter Trobisch propôs cinco desses testes:

1. *O teste do compartilhamento.* Você é capaz de dividir com o outro? Quer fazer seu parceiro feliz ou quer apenas ser feliz?
2. *O teste da força.* Seu amor dá novas forças a você e o enche de energia criativa? Ou tira suas forças e sua energia?
3. *O teste do respeito.* Vocês têm de fato respeito um pelo outro? Você tem orgulho de seu parceiro?
4. *O teste dos hábitos.* Vocês apenas amam um ao outro ou também gostam um do outro e aceitam um ao outro com seus hábitos e defeitos?

5. *O teste do tempo*. "Nunca se case antes de ter passado um verão e um inverno com seu par." O amor de vocês já completou um verão e um inverno? Vocês conheceram um ao outro durante um tempo suficiente para saber se vocês se conhecem bem?[15]

A seguir, mais quatro testes de outro autor:

6. *O teste da separação*. Vocês sentem uma alegria incomum quando estão na companhia um do outro? Vocês sofrem quando se separam?
7. *O teste da doação*. Amor e casamento significam doar, não receber. Você está amando a ponto de dar? É capaz de doar-se a si mesmo? Essa qualidade de autodoação é sempre evidente?
8. *O teste do amadurecimento*. A dinâmica do amor de vocês está amadurecendo? As características do amor cristão estão se aperfeiçoando?
9. *O teste do sexo*. Existe prazer recíproco entre vocês sem a necessidade constante de manifestação física? Se não conseguem ficar juntos sem carícias, vocês não têm a maturidade a o amor essenciais ao casamento.[16]

Vamos voltar a uma pergunta mencionada no início do capítulo: "Por que você ama seu par?". Pense nestes motivos enumerados por um homem sobre sua esposa:

---

[15] TROBISCH, Walter. **I Married You**. New York: Harper & Row Publishers, Inc. 1975, p. 75-77.

[16] MCRAE, William J. **Preparing for Your Marriage**. Grand Rapids: Zondervan Publishing House, 1980, p. 37. Usado com permissão de Zondervan Publishing House.

Razões por que amo Joan

1. Porque seu nível de escolaridade é elevado. Eu percebo que seus padrões serão inculcados em nossos filhos.
2. Porque Joan observa a vida com reflexões profundas. Ela valoriza e aprecia a criação de Deus.
3. Porque Joan empenha-se consciente e sinceramente para agradar os outros, mais do que agradar a si mesma.
4. Porque Joan é capaz de satisfazer minhas necessidades físicas, espirituais e emocionais. Físicas porque ela é capaz de dar afeto e consolo; espirituais, porque ela é capaz de acrescentar reflexões bíblicas nas situações cotidianas; emocionais, porque ela é capaz de ser empática diante de minhas sensibilidades.
5. Porque tenho a liberdade de lhe falar de meus sentimentos mais íntimos, sabendo que nela não encontrarei rejeição, mas, sim, disposição para empenhar-se sinceramente para me compreender.
6. Porque ela me valoriza. Ela dá valor ao meu afeto e compreensão. Valoriza meu empenho de consolá-la e confortá-la. Aprecio muito ser valorizado.
7. Porque Joan aprendeu, e está constantemente aprendendo, a arte da submissão, sem a ameaça da subserviência.
8. Porque Joan me aceita pelo que sou, conhecendo minhas imperfeições e, igualmente importante, mostra-se capaz de trabalhar comigo de maneira construtiva para o meu aperfeiçoamento.
9. Porque eu gosto muito da companhia dela. Gosto de caminhar e conversar com ela. Podemos conversar sobre todo e qualquer assunto.

10. Porque ela é aberta ao crescimento e disposta a mudar.
11. Por causa de seu elevado padrão moral, que terá influência positiva em nosso relacionamento.
12. Pela extrema sinceridade dela.
13. Porque desejo dar de mim a Joan. Ser compreensivo, gentil, afetuoso, empático — ser capaz de ouvir com o coração e os braços abertos.

É provável que, depois de tudo que leu sobre o amor neste capítulo, você se pergunte: "Será que é possível o verdadeiro amor? Como posso saber se o que estou vivenciando agora é amor?". Sim, é possível, e espero que este livro o ajude a esclarecer seu futuro com a outra pessoa.

Todos nós fomos chamados para ser pessoas amorosas. Na verdade, o amor é um mandamento de Deus. Várias e várias vezes nas Escrituras, Jesus nos manda amar. "Respondeu Jesus: 'Ame o Senhor, o seu Deus, de todo o seu coração, de toda a sua alma e de todo o seu entendimento'. Este é o primeiro e maior mandamento. E o segundo é semelhante a ele: 'Ame o seu próximo como a si mesmo' " (Mateus 22.37-39).

Pelo fato de ser o amor um mandamento, podem-se extrair daí três conclusões:

> Amar os outros é uma exigência moral. É responsabilidade nossa amar, mesmo que os outros não nos amem. Num relacionamento, nossa ênfase, portanto, é nos empenhar em aprender a amar a outra pessoa em vez de imaginar como levá-la a nos amar.
>
> O amor também é um ato da vontade. Nós decidimos amar no coração e na mente. Amor significa decidir o que é certo e melhor para ser feito em vez de fazer e amar o que eu

quero ou gostaria de fazer. É essa decisão que manterá muitos casamentos vivos.

O amor não é determinado por nossas emoções. Em nenhum lugar as Escrituras dizem para amar os outros se quisermos. Não podemos mandar em nossos sentimentos. Eles vêm e vão. São como a maré: sobem e baixam. Não deixe que seus sentimentos sejam seu guia. Já ouvi gente me dizendo: "Meus sentimentos de amor por aquela pessoa passaram". A surpresa fica evidente no rosto delas quando eu respondo: "Ótimo". Agora elas podem aprender o verdadeiro amor, se é que ainda não aprenderam.[17]

DEFINIÇÕES DE AMOR

Nossa sociedade e os meios de comunicação de massa nos deram um falso retrato do amor. As Escrituras nos dão um retrato fidedigno. Enquanto continua estudando o amor necessário para o casamento, pense nestas ideias manifestadas por pessoas que foram solicitadas a dar sua definição de um relacionamento amoroso:

> "A relação amorosa é uma parceria escolhida. Amar alguém em quem até a imperfeição é considerada possível e, portanto, uma coisa bela. Na relação amorosa, a descoberta, o conflito e a aceitação constituem a base do crescimento e da admiração constantes".
>
> "Uma relação amorosa é aquela em que os indivíduos confiam o bastante um no outro, a ponto de serem vulneráveis, certos de que o outro não vai aproveitar-se disso. A relação amorosa não explora nem deixa de dar o

[17] JONES, p. 86-87, adaptado.

devido valor. Implica *mais* comunicação, mais conversa, mais compartilhamento e mais sensibilidade".

"Uma relação amorosa é aquela em que um pode se abrir, ser sincero com o outro, sem medo de ser julgado. É ter segurança no conhecimento de que são o melhor amigo um do outro e, não importa o que aconteça, defenderão um ao outro".

"Uma relação amorosa é aquela que proporciona, por palavras ou expressão corporal, consolo na presença silenciosa de alguém que você conhece, compartilha confiança mútua, honestidade, sinceridade, admiração, devoção e aquele sentimento agradável de felicidade, apenas por estarem juntos".

"A relação amorosa é uma troca, sem exigências, de afeto, interesse, com raízes na sinceridade plena e na comunicação constante sem exploração".

"Uma relação amorosa é aquela em que a pessoa amada é livre para ser ela mesma — para rir comigo, mas nunca de mim; chorar comigo, mas nunca por minha causa; para amar a vida, amar e ser amada. Uma relação assim se apoia na liberdade e jamais crescerá num coração ciumento".

"Uma relação amorosa é aquela em que cada um enxerga o amado não como extensão de si mesmo, mas como um indivíduo único, sempre desejável e belo — uma situação em que os dois podem apresentar seu "eu" especial um ao outro, uma mistura de "eus" sem o medo da perda da individualidade".[18]

[18] BUSCAGLIA, Leo F. **Loving Each Other**. New York: Random House, Inc. — Fawcett Columbine, 1984, p. 46-50. Usado com permissão.

8

Estilos de falso amor

"Você é doente! Doente! Doente! Doente! Acha que me ama, mas o que você chama de amor é sufocar-me. Eu não preciso disso nem você. Quero uma relação saudável, não essa porcaria!".

Eles se sentaram no meu consultório, um atacando e o outro se defendendo. O casamento deles não estava indo bem, apesar de ambos alegarem que amavam um ao outro. Já vi tantos casais como esse ao longo dos anos! Alguns namorando, outros casados. Havia algo de errado na relação deles. O dito "amor" que diziam ter um pelo outro expressava-se de modo estranho. Era viciado. É curioso como temos a capacidade de pegar algo tão puro e contaminá-lo. Muitas vezes o amor é um fingimento. Existem algumas formas de falso amor.

O AGRADADOR

É triste, mas algumas pessoas equiparam o fato de ser agradador ao amor. Nos relacionamentos, há homens e mulheres que constantemente dão, dão e dão, mas não é por causa do amor. Isso se deve à culpa ou à satisfação da própria necessidade de dar. Essas pessoas precisam dar aos outros para se sentirem bem com elas mesmas. É como se fossem dependentes disso, são os ajuda-*aholics* — viciados em ajudar. O agradador é aquela pessoa dominada e guiada por emoções. Faz as coisas certas pelos motivos errados. Faz coisas adoráveis em vez de ser pessoa adorável.

O dr. Les Parrott define muito bem os estilos de falso amor em seu livro *Love's Unseen Enemy*. Cada um desses estilos tem várias características.

Os agradadores têm uma necessidade irresistível de agradar. É como se vivessem para fazer as pessoas felizes. Quando os observamos, eles se apresentam conscienciosos e interessados. Saem da rotina deles para deixar os outros à vontade. São particularmente bons em se lembrar de fazer as pequenas coisas que outros deixam passar despercebidas. São muito amigáveis e agradáveis e, quando solicitados a fazer algo, normalmente fazem mais do que o solicitado, até mesmo com um sorriso carinhoso. Esses atos de amor, porém, não são voluntários — são impelidos. Esses indivíduos se sentem pessoalmente responsáveis pela felicidade dos outros. Se o seu par está infeliz, eles se sentem culpados. São compelidos a fazer muito. Por isso, atraem facilmente os outros, mas num relacionamento talvez acabem se sentindo usados. Geralmente a maioria dos agradadores é de mulheres.

Os agradadores são os doadores da vida. Não apenas evitam receber, mas também, quando recebem, não se sentem à vontade. Sentem culpa e começam a pensar em meios de retribuir. Os agradadores também têm mentalidade de desempenho. Precisam fazer as coisas imediatamente e querem parecer bons. Necessitam de aprovação a fim de manter sua culpa sob controle. Vivem para o aplauso. Vivem com medo de fracassar, e, infelizmente, isso os pode levar a concordar com pedidos irreais de sua ajuda. Eles não dizem "não" a ninguém, porque consideram isso uma falha pessoal. Isso não é uma forma saudável, nem bíblica, de amar o outro.

Os agradadores têm um senso de responsabilidade desproporcional. Quando se casam, acreditam-se responsáveis pelo bem-estar e a felicidade do cônjuge. Entretanto, aqueles que eles querem salvar não se estão afogando.

Para eles, a abnegação não é um meio para chegar a um fim, mas, sim, um fim em si mesma. Isso faz que o comportamento amoroso deixe de ser amoroso. Eles se transformam em mártires e, com isso, podem afastar as pessoas, o que, por sua vez, aumenta-lhes a culpa e os faz se esforçarem mais, o que afasta ainda mais os outros.

Os agradadores são as melhores pessoas do mundo para evitar conflito. Fazem concessões, consentem, dizem "sim" quando o mais apropriado seria dizer "não", e permitem que o erro continue. Não é de admirar que muitos agradadores atendidos por mim no aconselhamento pré-nupcial tenham violado os próprios valores, bem como os valores das Escrituras, envolvendo-se em atividade sexual pré-nupcial. Eles, porém, têm limites. Se pressionados ou encurralados pelo conflito, desistem e se culpam ou se comportam como um vulcão ativo, porque são completamente ineptos para resolver conflitos.

Alguma vez você já tentou obter uma resposta direta ou saber uma preferência individual de um agradador? Não. Eles condescendem nas decisões e evitam dar opiniões próprias. Não querem escolher nem decidir. Senão, a decisão que tomam talvez não agrade a você.

Numa relação matrimonial, o agradador vive para o afeto de seu cônjuge. Procuram essa afeição e se apegam em qualquer pouquinho dela. Por outro lado... também esperam que o par saiba o que eles querem ou precisam, sem jamais lhe informar. Dá para imaginar um agradador que expresse para a outra pessoa o que ele precisa? Não mesmo! Qualquer retraimento ou redução de intimidade da parte do outro é um desastre para o agradador. Tenho visto inúmeras vezes a mesma situação se repetir no meu consultório. O cônjuge agradador entra e diz: "Eu simplesmente não entendo. Eu o amo tanto, e procuro agradá-lo... ainda assim, parece que quanto mais tento agradar, mais ele se afasta de mim". Verdade. Aquele que convive com o agradador sente-se sufocado, limitado.

Um homem casado com uma agradadora confessou: "Me dá enjoo! Eu gostaria que ela tivesse mais firmeza e oferecesse resistência. Vamos brigar um pouco. Estou cansado de ter como mulher uma pessoa que só diz 'sim' ". Os agradadores costumam criar exatamente alguns dos problemas que desejam evitar. O que você acha? Algumas dessas características parecem familiares a você? Se você está namorando alguém que se enquadra nesse perfil, não se esqueça: o amor que você acha que existe é falso.

Se essas características coincidem com seu perfil, vamos dar mais um passo adiante. Seu envolvimento com os outros pode até ser mais intenso que o do agradador. Talvez haja outro termo para ele. Eis uma forma de esclarecer se seu amor e suas respostas solícitas são genuínos. Avalie suas ideias de cuidados, suas emoções e ações utilizando as afirmações a seguir. Atribua a cada afirmação um valor de 1 a 10, em que 1 indica que a afirmativa *não o define, não tem nada a ver* com você; 10 significa que, *sem dúvida*, ela *reflete* você; e 5 indica que você se enquadra 50% na afirmação. No caso de qualquer afirmação a que atribua mais que 5, analise por que você reflete essa característica. Se essas frases não refletem sua pessoa, a quem você pode aplicá-las?

___ Penso que sou e sinto-me responsável por outra pessoa: por seus sentimentos, pensamentos, ações, escolhas, vontades, necessidades, bem-estar, falta de bem-estar e destino final.

___ Sinto ansiedade, pena e culpa quando outra pessoa tem um problema.

___ Sinto-me impelido — quase forçado — a ajudar essa pessoa a resolver o problema dela oferecendo conselho não solicitado, dando uma série de sugestões ou procurando consertar os sentimentos dela.

___ Fico com raiva quando minha ajuda não é eficaz.

___ Prevejo as necessidades do outro.

___ Pergunto-me por que os outros não preveem as próprias necessidades.

___ Eu me surpreendo dizendo "sim" quando queria dizer "não"; fazendo coisas que, na verdade, não quero fazer; fazendo mais que a minha parte do trabalho; e fazendo coisas que os outros são capazes de fazer eles mesmos.

___ Na maior parte das vezes, não sei o que quero nem de que preciso. Quando de fato sei, digo a mim mesmo que o que eu quero ou desejo não é importante.

___ Tento agradar aos outros em vez de agradar a mim mesmo.

___ Acho mais fácil sentir e manifestar raiva pelas injustiças praticadas contra os outros do que pelas injustiças feitas contra mim.

___ Sinto-me mais seguro quando estou dando algo a alguém.

___ Sinto-me inseguro e culpado quando alguém me dá alguma coisa.

___ Sinto-me triste por ter passado toda a minha vida dando aos outros, não tendo recebido nada de ninguém.

___ Sinto atração por pessoas necessitadas.

___ Acho que as pessoas necessitadas têm atração por mim.

___ Sinto-me aborrecido, vazio e sem valor quando não tenho nenhuma crise na minha vida, nenhum problema para resolver, nem alguém para ajudar.

___ Deixo de lado minha rotina para atender alguém com problema ou fazer algo por alguém.

___ Assumo compromissos em número excessivo.

___ Sinto-me aborrecido e pressionado.

___ No fundo, acredito que outras pessoas são responsáveis por mim.

___ Culpo outras pessoas pela situação em que me encontro.

___ Acredito que as outras pessoas me fazem sentir como me sinto.

___ Acho que os outros estão me deixando louco.

___ Sinto-me com raiva, sacrificado, desvalorizado e usado.

___ Os outros ficam impacientes e com raiva de mim por todas as características já mencionadas.

Se atribuiu valor 6 ou mais a essas declarações, talvez você seja o que se chama de codependente. Nem todos os agradadores se enquadram no modelo de um verdadeiro codependente, mas podem estar perto disso. Sua vida reflete os traços negativos do agradador. Dois livros que podem ajudar você são: *When Helping You Is Hurting Me* (Harper and Row), de Carmen Renee Berry, e *Love's Unseen Enemy* (Zondervan), de Les Parrott III.

Talvez você queira questionar esse perfil de agradador. Outros já questionaram. Tenho ouvido tanto de maridos quanto de mulheres: "Eu achava que um dos elementos do casamento fosse pôr o outro em primeiro lugar, atender às necessidades dele e agradá-lo. Não é para sermos servos um do outro?". Certamente que sim, mas de forma saudável e amorosa, não pelos motivos mencionados neste capítulo.

Vamos analisar o conceito de sujeição como expressão do amor no casamento. No casamento, os dois precisam ser servos um do outro.

> Cada um cuide, não somente dos seus interesses, mas também dos interesses dos outros. Seja a atitude de vocês a mesma de Cristo Jesus, que, embora sendo Deus, não considerou que o ser igual a Deus era algo a que devia apegar-se; mas esvaziou-se a si mesmo, vindo a ser servo, tornando-se semelhante aos homens. E, sendo encontrado em forma humana, humilhou-se a si mesmo e foi obediente até a morte, e morte de cruz! Por isso Deus o exaltou à mais alta posição e lhe deu o nome que está acima de todo nome [...] (Filipenses 2.4-9).

Jesus se submeteu voluntariamente a tornar-se um "servo submisso", a procurar nossos interesses, e não os dele. Do mesmo modo, o apóstolo Paulo nos diz: "Sujeitem-se uns aos outros, por temor a Cristo" (Efésios 5.21).

Observe um aspecto importante: jamais devemos *exigir* que o outro seja nosso servo, nem que viva de acordo com os claros ensinamentos das Escrituras. Se achamos que temos de exigir isso, ou mesmo mencionar, então ficamos mais preocupados em atender às próprias necessidades do que em ser servos.

A submissão é a marca identificadora de todo fiel cristão verdadeiro.

Dito de modo mais simples, o papel de um servo é garantir que as necessidades da outra pessoa sejam supridas. Numa relação entre marido e mulher, ser servo é um ato de amor, uma dádiva de um ao outro, para fazer a vida um do outro mais plena. Não é algo que se exige. É um ato de força, não de fraqueza. É uma ação positiva, praticada para demonstrar amor um pelo outro. Por isso, o apóstolo também disse: "Sujeitai-vos um ao outro", sem restringir à mulher o papel de servo.

O servo também pode ser chamado de *capacitador*. A palavra "capacitar" significa "tornar melhor". Como capacitador, devemos tornar a vida mais fácil para nosso cônjuge em vez de impor exigências restritivas a ele. O capacitador não realiza mais trabalho para o outro, nem o impede de ser tudo o que foi destinado a ser.

O servo também é aquele que *edifica* o outro. A palavra "edificar" deriva-se da palavra latina *aeds*, que significa "lareira". A lareira era o centro da atividade nos tempos antigos. Era o único lugar com calor e luz na casa e onde se preparava o pão diário. Era também onde as pessoas se reuniam.

"Edificar" é um verbo frequentemente empregado no Novo Testamento com referência à edificação de outra pessoa. Nos versículos a seguir, observamos três exemplos de "edificar": 1) incentivo pessoal; 2) fortalecimento interior; e 3) instauração da paz e da harmonia entre indivíduos.

> Por isso, esforcemo-nos em promover tudo quanto conduz à paz e à edificação mútua (Romanos 14.19).
>
> Cada um de nós deve agradar ao seu próximo para o bem dele, a fim de edificá-lo (Romanos 15.2)
>
> Por isso, exortem-se e edifiquem-se uns aos outros, como de fato vocês estão fazendo (1Tessalonicenses 5.11).

Pense outra vez nas características de um agradador e nos motivos pelos quais ele age dessa forma. Será que essas características se enquadram na expressão de amor descrita pelo apóstolo? Não mesmo! O amor tem de ser genuíno. Uma pessoa genuína é capaz de manifestar sua personalidade e seus sentimentos de maneira adequada, em vez de reprimi-los ou mascará-los.

> Se você sempre se apresenta com um rosto falso aos outros, talvez comece a confundir sua verdadeira identidade com a "personagem" que você está representando. Pode começar a se perguntar: "*Na verdade, quem sou eu?*". Uma das alegrias por ser cristão é esta: nós aceitamos quem somos por causa do modo pelo qual Deus nos vê por meio de seu Filho Jesus Cristo.
>
> Um ingrediente essencial na genuinidade é a sinceridade. Quando alguém é sincero, pode-se descansar no conforto e na segurança de que ele é digno de confiança. A sinceridade também é uma qualidade bíblica. Paulo orava: "[...] Que o amor de vocês [os filipenses] aumente cada vez mais em conhecimento e em toda a percepção, para discernirem o que é melhor, a fim de serem puros e irrepreensíveis até o dia de Cristo [...]" (Filipenses 1.9,10).
>
> O termo "sincero" vem de uma palavra latina que significa "sem cera". Na Antiguidade, muitas vezes, uma porcelana fina e cara sofria pequenas rachaduras quando era queimada no forno. Os comerciantes desonestos cobriam as rachaduras com uma camada de cera branca perolada, até que ela ficasse invisível, e depois afirmavam que a louça era perfeita, sem defeito. Quando, porém, o objeto era olhado contra o sol, a luz revelava as rachaduras preenchidas com cera. Por isso, os comerciantes honestos marcavam sua porcelana com a expressão *sine cera* — sem cera — que, com o tempo, deu origem à palavra "sincera". É isso que significa sinceridade genuína: sem rachaduras escondidas, sem motivos ocultos nem segundas intenções.[1]

---

[1] SWINDOLL, Charles. **The Quest for Character**. Portland: Multnomah Press, 1988, adaptado da p. 67.

Ser genuíno para com os outros implica outro ingrediente arriscado: a transparência. Transparência, a capacidade de ser visto pelo que se é na verdade, é um bem precioso nos dias de hoje. É mais fácil e mais seguro usar uma máscara que deixar os outros enxergar quem está atrás dela. É difícil construir um relacionamento com alguém que usa máscara. Jesus incentivou a transparência, quando disse: "Bem-aventurados os puros de coração [...]" (Mateus 5.8). A palavra "puro" significa "limpo, sem contaminação, sincero, sem corrupção, sem mistura, nem malícia". Gostei de ler a ilustração de transparência de Charles Swindoll:

> Na noite passada, resolvi tentar uma coisa que eu jamais fizera antes de ter entendido bem uma questão. No meu último aniversário, minha irmã me deu uma máscara de borracha de rosto inteiro [...] uma daquelas bem loucas que cobrem todo o rosto da gente. Ela me disse que me daria 10 dólares se eu usasse a máscara no púlpito num domingo (meus filhos aumentaram a oferta para 15 dólares), mas eu não consegui! Bem, na noite passada eu usei aquela coisa abominável e feia quando me levantei para falar. Imaginei se alguém conseguiria lidar com ela; mas aquela turma podia. *Foi doido!*
>
> Não chamei atenção para o fato. Sem nenhuma explicação, apenas levantei e comecei a falar sobre ser autêntico. Eu prossegui, fazendo uma afirmação depois da outra, enquanto o ambiente mostrou-se desconcertado. Por quê? Qualquer um sabe por quê! Minha máscara anulou tudo o que eu tinha dito, principalmente sobre *esse* assunto. É impossível ser muito convincente quando se usa uma máscara.
>
> Por fim, eu puxei e tirei aquela coisa, e o ambiente acalmou-se quase imediatamente. Assim que isso aconteceu, todos entenderam o que eu queria dizer. É engraçado; quando usamos máscara de verdade, ninguém é enganado. Entretanto, como

> é fácil usar uma máscara invisível e enganar as pessoas uma semana atrás da outra! Você sabia que a palavra "hipócrita" vem do teatro grego antigo? O ator usava uma grande máscara com expressão de riso na frente do rosto e falava os versos de sua comédia enquanto a plateia ria muito. Depois ele ia rapidamente para trás do palco, apanhava uma máscara muito grande, de expressão triste e cenho fechado, e voltava recitando versos trágicos enquanto a plateia gemia e chorava. Adivinhe como se chamava esse ator. *Hipócrita*. Hipócrita era quem usava máscara.
>
> Os servos "puros de coração" tiraram a máscara. E Deus concedeu uma bênção especial na vida deles.[2]

As pessoas transparentes são lembradas, valorizadas e dignas de confiança. As pessoas genuínas não são agradadoras. As pessoas transparentes não são agradadoras.

Por que estou falando sobre estilos de amar? É simples. Antes que fique ligado demais numa relação, com certeza você deseja identificar os sinais de advertência emitidos pelo outro ou o modelo de falso amor que ele exibe.

O CONTROLADOR

Em muitos aspectos, o controlador é o oposto do agradador. Contudo, os dois têm uma forte necessidade de aceitação. Sem dúvida, porém, procuram obter essa aceitação de formas diferentes. O agradador renuncia o poder em favor dos outros, no desejo de ser amado; o controlador assume e se encarrega do poder para obter o respeito dos outros. O agradador é excessivamente solidário e solícito, mas não é nem um pouco objetivo.

---

[2] SWINDOLL, Charles. **Improving Your Serve**. Waco: Word Books, 1981, p. 116-117. Todos os direitos reservados.

O controlador, por ser exatamente o oposto, tem muita objetividade, mas não sabe absolutamente nada de solidariedade. Os controladores são muito analíticos. Apesar disso, ajudá-los a entender as necessidades dos outros, o objetivo em geral, é adquirir controle sobre eles. Os controladores normalmente podem ser identificados pelas sete características dadas a seguir, sobre o modo com que se relacionam com os outros.

A *necessidade de eles estarem no controle* é evidente, e eles empregam dois meios para atingir isso. O medo expressado pela intimidação é típico, e eles são muito hábeis na descoberta e no uso da fraqueza da outra pessoa. A outra ferramenta é silenciosa e pode ser ativada pelo controlador no seu cônjuge, com uma palavra, um movimento de olhos ou um gesto. Qualquer erro é observado e usado para pôr o cônjuge errado de acordo com a programação do controlador.

Os controladores são *autoconfiantes* e, para eles, no casamento, o trabalho em equipe está fora de cogitação. Totalmente independentes, eles geram a própria solidão, pois o estilo de independência deles os afasta dos outros.

A *ausência de emoções* na vida dos controladores ajuda a criar um casamento em que o cônjuge acaba sedento de proximidade e intimidade. O laço emocional necessário para uma relação saudável não existe. Muitos controladores jamais se permitiram a oportunidade de ter emoções. Quando permitiram, guardaram para si. Sei de muitas pessoas que só aprenderam a chorar por dentro. Muitos controladores só sentem raiva. Alegria, prazer e tristeza não existem na vida deles. Eles pensam em emoções, mas raramente as sentem. Quando o cônjuge manifesta emoções, provavelmente eles se sentem muito aborrecidos com a demonstração e procuram logo lidar com elas de forma racional.

Os controladores são totalmente *incapazes de manifestar comportamentos amorosos* genuínos. O que talvez vejamos como generosidade, cortesia e bondade, ou até como grande socialização, tem uma finalidade: assumir o controle sobre o outro. Ter amor como resultado final não tem significado verdadeiro, mas usar o amor como meio para chegar a um fim faz muito sentido para os controladores. Se houver interesse na outra pessoa, é porque existe um objetivo. O consorte deles, casado ou não casado, acaba por ser usado. Muitos controladores, porém, acreditam que estão amando a outra pessoa. Usá-la é uma expressão do amor deles.

Regras, regras e mais regras é o modo de vida deles. Quanto mais rígidos forem, melhor. Existe só uma forma certa de fazer as coisas: a deles. Eles sabem o que é melhor para o outro e vão orquestrar a vida dele. Se você está tendo um relacionamento amoroso com um controlador, vai se descobrir obrigado a se adaptar a ele, de um jeito ou de outro. Nem todos, mas muitos controladores têm um problema a mais: ser perfeccionistas. Isso vai deixar sua vida ainda mais insuportável. (Para mais informações sobre como lidar e sobre como transformar um perfeccionista ou controlador, leia o capítulo 11 de *How to Change Your Spouse Without Ruining Your Marriage*, de Gary Oliver em parceria comigo, Servant Publications.)

Os controladores são pessoas que *vivem de rótulos*, entre eles os insultos. O mais comum que encontrei no aconselhamento é o controlador (em geral o homem) dizer à mulher: "Agora você não vai começar a ficar toda emotiva comigo de novo. Você sabe que nunca conseguimos resolver nada quando você fica assim. Quando você se acalmar, quem sabe poderemos continuar?".

O estilo de comunicação dos controladores tem uma única característica: *exigir em palavras, intenção e tom*. São pessoas pragmáticas que vão direto ao âmago da questão.

Há um último fator a considerar quando existe um controlador na relação. É muito difícil cultivar a intimidade quando num casamento um cônjuge é extremamente dominante e controlador e o outro é submisso. O controlador não se vai abrir para revelar sua vida e seus sentimentos interiores por medo de perder a posição de poder e controle. O submisso, por sua vez, tem medo de ser aberto e vulnerável, porque pode ser atacado e arrasado pelo outro. Em *When Love Dies*, os resultados do estudo indicam que um dos principais motivos dos indivíduos perderem o amor pelo outro e, por fim, divorciarem-se, é a falta de reciprocidade no casamento. Reciprocidade é o respeito pelo outro fundamentado na convicção de que cada indivíduo é igual na relação. Quando faltam atitudes de reciprocidade num relacionamento, o amor morre. Entre as atitudes de falta de reciprocidade, encontram-se o controlar ou dominar o outro, desconsiderar suas crenças, opiniões, desejos etc., ou obrigá-lo a fazer algo contra a vontade dele. É demonstrar falta de consideração pela pessoa do outro.[3]

Será que acabamos de falar de alguém que você conhece — um ex-namorado, um namorado atual ou, quem sabe, você mesmo? Não nos esqueçamos de que, na maioria, os agradadores são mulheres, e controladores, homens. Em geral, esses tipos se atraem um ao outro, na medida em que anseiam por preencher as lacunas da personalidade deles. Casando-se com um controlador, você vai acabar se sentindo

---

[3] KAYSER, Karen. **When Love Dies**. New York: The Guilford Press, 1993, p. 93-94, adaptado.

mal compreendida e dominada. Os controladores não reservam tempo para criar e nutrir uma relação de proximidade. Eles satisfazem as necessidades deles mesmos e reprimem qualquer sombra de culpa ou vergonha que possa vir à tona, ativando a culpa do cônjuge.[4]

Se você está de namoro com alguém que se enquadre nesse perfil e vai dar continuidade à relação, pergunte-se: "Qual a necessidade que me faz ser atraída a essa pessoa? O que espero que ela faça por mim?". Pense em como será sua relação conjugal daqui a cinco ou dez anos. Você está preparado para o vazio no seu casamento?

O RETRAÍDO

Existe ainda mais um estilo de relacionamento. O retraído vive num castelo de proteção feito por ele mesmo. Nesse caso, não existem relacionamentos com empatia nem solidariedade. Um retraído vive com medo de rejeição, em geral por causa de alguma ferida profunda do passado. Esse tipo é um sobrevivente, mas foi tão mortificado que não sabe como se relacionar de forma desejável. Tem uma sensação profunda de vergonha, e muitos se protegem evitando relacionamentos íntimos. Os indivíduos assim não têm muita esperança de uma relação saudável.

Já vi muitos retraídos durante meus anos de aconselhamento, e em geral foi o par deles que, com paciência e persistência, insistiram em primeiro lugar para que a relação começasse. (É muito frequente a relação ser carregada por um dos companheiros,

---

[4] PARROTT III, Les, Dr. **Love's Unseen Enemy**. Grand Rapids: Zondervan Publishing House, 1994, p. 121-130, 184-185, adaptado. Usado com permissão de Zondervan Publishing House.

embora este espere que o outro aprenda a corresponder.) Com muita frequência, porém, o perseverante se cansa de fazer todo o trabalho sozinho e quer abandoná-lo. Muitos retraídos são aquilo que chamo de "colecionadores de culpa". Eles individualizam os problemas e acreditam que tudo que acontece é por causa de algo que fizeram de errado. O foco deles é totalmente dirigido para eles mesmos. Por esse motivo, são incapazes de se relacionar de maneira eficiente com os outros. Fora a culpa, a vida emocional deles é rasa ou inexiste. É como olhar o monitor do coração de uma pessoa e não enxergar os picos de cada pulso cardíaco, mas uma linha reta. O retraído investiu muito tempo e energia para evitar a dor, e o sucesso do seu trabalho foi tal que matou as outras emoções, como a esperança, a alegria e o amor.

É importante identificar algumas características desse tipo. Você precisa ter conhecimento delas para saber se elas definem você ou alguém por quem você está interessado. Os retraídos são procurados por aqueles que acreditam que podem tirá-los da concha.

Os retraídos têm necessidade de esconder suas feridas internas. O sofrimento deles não é tão óbvio quanto o do agradador, e eles também não têm sede de poder. Podem até parecer que estão muito bem juntos, mas vivem em atitude de resignação. Acham que nada de bom jamais lhes acontecerá. Por que sonhar se os sonhos foram aniquilados?

Por que ter esperanças para depois se decepcionar? Muitos retraídos evitam o relacionamento íntimo porque se sentem seguros distantes. Já ouvi alguns homens assim, que eram procurados por mulheres que acreditavam: "Mas ele tem tanto potencial! Se deixasse Deus ter controle sobre ele, poderia ser o homem que devia ser. Eu posso fazer isso acontecer para ele". No desejo de refazer, remodelar e transformá-lo, ela se casa com ele e normalmente é infeliz porque isso não funciona. Existem, porém, algumas pessoas que se casam com um retraído e o deixam ser do jeito que é. Isso também não é bem um casamento.

Não se esqueça de que o foco do retraído é ele mesmo. Não será você. Se você escolher uma pessoa assim, nunca se tornará a pessoa em quem ele tenha os olhos. Muitos retraídos não se relacionam muito bem socialmente. Eles estão envolvidos demais em controlar sua saúde emocional e se proteger.

Os retraídos sofrem de sensação de desamparo e acham que nada do que fazem fará diferença nem vai melhorar o quinhão deles na vida. Além disso, eles são excessivamente cautelosos nos relacionamentos. Se alguém demonstra interesse por eles, duvidam de que a pessoa esteja sendo sincera. Acham que ela tem segundas intenções e quer algo deles. Acham que confiar na sinceridade de outros é uma medida tola porque eles acabam saindo queimados.

Uma característica dos retraídos que dá origem aos principais problemas que observei nos casamentos durante todos esses anos é a agressividade passiva. Trata-se de uma resistência indireta, oculta e sutil, mas concreta. É uma preocupação tão importante que é assunto de livros inteiros, entre eles *Living with the Passive-Aggressive Man*, de Scott Wetzler. É um comportamento muito difícil com que se lidar. Destrói relacionamentos que, se não fossem por ele, dariam certo. Há muitas formas de comportamento agressivo-passivo. Procrastinar é um dos prediletos. Os procrastinadores adiam responsabilidades ou se atrasam em fazer algo para alguém. Se um procrastinador está uma hora atrasado para pegar você, *você* é que acaba se sentindo responsável, porque ele diz: "Tem certeza de que marcou às 10 horas? Eu tinha certeza de que você tinha marcado 11 horas. Ah, bom!". Depois de ouvir isso várias vezes, você começa a duvidar do que você mesmo disse.

Esquecer é outra maneira favorita de mostrar resistência, porque pode se voltar para o outro: "Você tem *certeza* de que me pediu?" ou "Tem *certeza* de que foi a hora que combinamos?". Esse tipo de pessoa pode usar o seu carro, deixá-lo sujo, bagunçado e com o tanque vazio. Talvez você converse com ele sobre algo importante, e ele saia do local ou se levante e ligue um liquidificador barulhento, faça uma bebida ou aumente o volume da TV.

É como se os retraídos fossem meio masoquistas, porque parece que ganham alguma coisa por ser magoados. Talvez se sintam bem com eles mesmos por sofrerem em silêncio e se ressintam com a pessoa que julgam tê-los magoado. É exatamente a desculpa de que precisavam para revidar a mágoa de se retraírem na vida. Se o par deles se magoar, não espere muito deles. Eles não sabem demonstrar empatia, por causa da fixação que têm na dor. São colecionadores de rancor. Toda mágoa é guardada e transformada em ressentimento, o que só alimenta o comportamento retraído.

Uma das características mais doídas e frustrantes é a forma com que eles se comunicam. Eles não vencem; antes, desertam ou se mantêm completamente descomprometidos. Não arriscam nenhuma opinião nem tomam decisões. São evasivos, ficam em silêncio e saem do ambiente. Têm uma série de sons simples que dizem muito, como, por exemplo, suspiros e murmúrios. Perguntamos a uma pessoa desse tipo: "Alguma coisa errada?", e ela responde "Nada", ou então "Você deveria saber", ou dão de ombros e deixam o ambiente. Às vezes os retraídos fazem uma escolha infeliz do cônjuge porque têm medo de escolher a pessoa certa, por medo de ser abandonados. Têm um ponto de vista negativo e expectativas negativas do relacionamento. Talvez você seja um companheiro 95% amoroso e positivo, mas isso é ignorado, porque o retraído fixa-se na defasagem dos 5%.

Se você tem tendência a ser retraído, antes de pensar em relacionamento, procure aconselhamento profissional. Sua vida pode ser diferente, se você está disposto a se dar uma oportunidade. Recomendo a você a leitura de dois livros: *Love's Unseen Enemy*, de Les Parrott III (Zondervan), e o livro de minha autoria *Your Tomorrow Can Be Different Than Your Yesterdays* (Revell).

Se você namora uma pessoa retraída, pergunte-se por quê. Quais são os seus sonhos e esperanças em relação a essa pessoa depois que você se casar? Peça à pessoa que procure aconselhamento antes de investir qualquer segundo a mais nessa relação.[5]

Depois de ter conhecimento desses três estilos de problema numa relação, talvez você esteja se perguntando se alguém pode ser saudável. Claro que sim. Existem indivíduos saudáveis e maduros em todos os estágios de crescimento. Temos o dever de amadurecer constantemente em todas as fases da vida. Paulo disse que fomos ensinados a ser "renovados no modo de pensar" (Efésios 4.23).

O AMANTE

O dr. Parrott fala de um quarto estilo de relacionamento, que ele chama de "o amante". Esse estilo, porém, é saudável. Esse indivíduo é capaz de refletir o amor ágape estudado no capítulo anterior. Trata-se de uma pessoa relativamente isenta de culpa. Veja como o dr. Parrott define o amante.

É possível que você seja um *amante* se...

---

[5] Parrott III, Les, Dr., p. 143-148, 185, adaptado.

- você é atento aos sentimentos não verbalizados por trás de uma mensagem do outro.
- você analisa uma situação com objetividade antes de partir para as conclusões.
- você tem consciência de que não pode contentar todos.
- você gosta de receber dos outros sem se sentir em dívida.
- você não é obcecado pelo que os outros pensam de você.
- você se põe na pele dos outros.
- você tem consciência de suas necessidades, mas também é sensível às necessidades dos outros.
- você não usa da culpa nem da intimidação para obter o que quer.
- você lida com o conflito com franqueza e maturidade.[6]

Você é capaz de dar exemplos de quanto reflete cada uma dessas características? Se está tendo um relacionamento hoje, são esses os traços que vê no seu par, e os que ele vê em você?

Para desenvolver essas características, o indivíduo precisa de um sólido senso de segurança e identidade em Jesus Cristo. Uma pessoa assim sabe quem é e se sente bem com ela mesma. No casamento, essa pessoa pode aceitar a singularidade de seu companheiro, aprender com ele, ser aberta e sensível, comunicar as próprias necessidades, honesta e francamente, e, acima de tudo, ser empática.[7] Você compreende realmente o que significa ter empatia?

"Empatia" deriva-se da palavra alemã *einfulung*, que significa "sentir em" ou "sentir com". Empatia é enxergar a vida por meio

---

[6] PARROTT III, Les, Dr., p. 158.

[7] Ibid., p. 158-159, 186, adaptado.

dos olhos do outro, sentir como o outro se sente, ouvir a história levando em conta as impressões do outro. Os cristãos têm o dever de ser empáticos, suportando o fardo uns dos outros (Gálatas 6.2); devem alegrar-se com a alegria dos outros e chorar com a dor dos outros (Romanos 12.15).

Alguns confundem empatia com apatia e simpatia,[8] que têm o mesmo som, mas na verdade são completamente diferentes. Simpatia significa estar excessivamente envolvido nas emoções dos outros. Na verdade, a simpatia pode debilitar a força emocional do indivíduo, de forma que ele fique incapacitado de ajudar, exatamente quando é mais necessário. Apatia é não se envolver com ninguém. Empatia significa caminhar com o outro no mundo interior dele.

Apatia é *não* ter nenhum sentimento pelo outro — o que caracteriza os controladores; simpatia é sentir *pelo* outro — o que caracteriza o agradador; e empatia é sentir *com* o outro. A apatia diz: "Não estou nem aí"; a simpatia diz: "Ah, coitado"; e a empatia diz: "Parece que hoje o seu dia não está bom".

Empatia é a pessoa enxergar as alegrias da pessoa amada, perceber o que subjaz a essas alegrias e comunicar essa percepção. Quando alguém tem empatia por nós, experimentamos a satisfação de ser compreendidos e aceitos porque o outro percebe nosso ponto de vista. Esse é o tipo de satisfação que podemos dar ao outro quando manifestamos empatia por ele.

O que você quer na sua relação? Agora que você já tem conhecimento das possibilidades, a escolha é sua.

---

8 "Simpatia" aqui tem o sentido de "comiseração" ou "compaixão". [N. do T.]

9

Como sair da relação quando se está namorando a pessoa errada

Numa mesa de restaurante: um grupo de oito homens e mulheres solteiros. Parece que estavam comemorando algo. Havia, contudo, uma coisa diferente ali. Estavam todos lá para comemorar o fim de um relacionamento. Cada um dos presentes estava envolvido numa relação de namoro sem futuro. Todos do grupo, homens e mulheres, haviam encontrado coragem de dar o passo decisivo de pôr um ponto final no seu relacionamento e estavam preparados para continuar a vida. Ouça algumas das histórias.

> Linda: "Não sei por que fiquei tanto tempo nessa relação. No segundo mês eu já sabia que não ia dar certo. Eu sei que gosto de consertar tudo. Achei que podia consertar o Ted. Mas como consertar algo se a pessoa nem sequer sabe que isso está quebrado? Parece que eu continuava namorando por inércia. Acho que ele estava contente, mas eu, sem dúvida, não estava. Desejaria ter desligado a tomada antes. Talvez eu estivesse apenas acomodada por ter alguém ao meu lado. Ted era melhor que nada, mas foi quando me dei conta de que

nada era melhor que Ted que me motivei a fazer alguma coisa. Agora posso tocar a minha vida".

Phil: "Romper um relacionamento não é uma festa. Acho que me magoei tanto quanto ela deve ter se magoado. Foi o que me manteve ligado a ela por tanto tempo. Eu não queria magoá-la. Tentei algumas vezes, mas não conseguia suportar quando ela chorava. Eu me sentia péssimo. Nós dois sabíamos que havia muitos obstáculos, mas continuávamos tentando. Ela me amava muito. Dizia que eu nunca encontraria uma mulher que me amasse tanto. Talvez estivesse certa, mas eu não queria passar o resto da minha vida com ela. Eu não a amava. Pelo menos, não do jeito que ela me amava. Não ia dar certo. Hoje faz duas semanas, e minha sensação de alívio agora é mais forte que a dor".

Tina: "Quanto mais tempo permanecíamos juntos, mais ele entrava na minha vida. No início, ele era legal e gentil, mas depois ficou muito possessivo. Queria dominar o tempo todo. Eu não podia ir a lugar nenhum sem que Bill também não fosse. Ele me dava muito e parecia me adorar. Mas a possessão dele me assustava. Ele não queria mais que eu tivesse contato com meus amigos, e todos eles se desligaram dele. Bill começou a bisbilhotar para saber informações a meu respeito e a me perguntar onde eu estive, com quem falei, quem tinha ligado. Ele também dizia coisas que me assustavam, como: 'Não posso viver sem você' e 'Você é tudo para mim na vida, é a fonte da existência'. Eu sempre me perguntava o que ele faria se eu rompesse. Bem, descobri. Tive de lhe dizer pessoalmente, por telefone, por cartas, mas ele não ouvia. Ignorava tudo o que eu dizia e respondia com 'Você não quer isso. Só está confusa, certo?'. E isso me deixava muito brava. Eu nem falo com ele agora; nem sequer o reconheço quando ele aparece. Detesto ser grossa, mas o que se pode fazer quando a pessoa não acredita em você? Sinto-me como se estivesse sendo seguida por Bill. Ele está fora da minha vida no que diz respeito ao relacionamento, mas ainda está interferindo".

MOTIVOS PARA CONTINUAR NA RELAÇÃO

Você talvez esteja vivenciando isto — está envolvido numa relação morta e procurando um paraquedas para saltar e escapar. No entanto, junto com o alívio, romper também produz um emaranhado de outros sentimentos. Não acho que alguma vez seja fácil terminar uma relação, mesmo quando é a melhor medida a ser tomada. Para uma relação dar certo, são necessários duas pessoas, e talvez você pense que basta uma para que a relação se rompa. Entretanto, não é assim. São necessários duas. A outra pessoa tem de aceitar o fato de o relacionamento ter acabado; caso contrário, ela poderá fazer infeliz a vida do que rompeu. Muita gente reluta em tomar essa decisão. Um dos maiores dilemas que os solteiros enfrentam não é saber quando e como dizer "não" a um relacionamento. Quando as possibilidades de namorar alguém são escassas, talvez você sinta uma pressão a mais para permanecer na relação. A pessoa talvez não seja essa maravilha, mas, sem dúvida, ficar sozinho é ruim.

O que o impede de terminar uma relação que você não quer ou que não é saudável para você? Muitas vezes você fica dependente dos sentimentos do outro. Em geral, não queremos causar dor à outra pessoa. Mesmo que o rompimento seja a decisão mais saudável para os dois, seu par vai ficar magoado. Se ele for muito sensível ou dependente, vai ser mais forte a dor. Se ele tem tendências a amante obsessivo, vai ser ainda pior. Essas pessoas grudam como chiclete e nos perseguem de mil formas.

Outro motivo para o conflito em relação ao rompimento do namoro é a força que os prazeres sexuais exercem quando você está envolvido nesse nível. Você sabe que é melhor acabar de uma vez com o relacionamento, mas sua mente volta aos momentos de prazer intenso, e você começa a ouvir os seus hormônios. Às vezes isso passa por cima de suas melhores intenções. Você pensa: "Ah, só mais uma vez". E cada vez que faz isso, a sua culpa também aumenta. Se seu par é muito sedutor e descobre que pode usar isso para manter você preso, vai controlá-lo de formas que você nem imagina. Se o sexo faz parte do relacionamento de vocês, é melhor permanecer com a pessoa segura em vez de correr o risco de lutar para encontrar uma nova relação em que a contaminação com uma doença sexualmente transmissível seja iminente, entre elas a aids.

Talvez você permaneça numa relação infeliz porque é dependente de segurança. Por pior que seja um relacionamento, as pessoas se sentem mais seguras permanecendo numa relação que conhecem do que se dispondo a enfrentar outra relação desconhecida e talvez arriscada.

A tensão ou a incerteza que se sente ao tentar terminar um relacionamento pode ser muito forte para alguns. Uma mulher de 30 anos contou-me da mistura de montanha-russa e carrinho bate-bate que sentia quando lutava para terminar um relacionamento:

> Achei que estava ficando meio louca. Meus sentimentos estavam bem confusos. Num minuto eu estava encantada com Terry, mas depois eu me sentia controlada e oprimida por ele. Num minuto eu o amava muito, mas no instante seguinte eu ficava ressentida com ele e com o que ele fazia. Ele era atencioso, sem dúvida, mas não sabia parar. Eu me sentia invadida como que

> por um exército inimigo. E agora, que estou tentando terminar, eu me sinto culpada. O que há de errado comigo?

Era quase como se ela quisesse estar na relação e, ao mesmo tempo, fora dela, e isso confunde qualquer um. Às vezes podemos ficar dependentes de uma pessoa mesmo quando queremos vê-la fora de nossa vida. Há uma necessidade tão grande de ter alguém que qualquer um a preenche.

Muitas mulheres permanecem em relacionamentos doentios. Esperam que — não se sabe como — o homem se transforme, como que por mágica, e se torne no príncipe encantado. No entanto, como disse uma personalidade do rádio: "Quando se beija um sapo, ele não se transforma em príncipe e ainda se fica com a boca cheia de lodo".

Pense nisto: Se você está lutando para sair de um relacionamento, mas permanece nele, está mais preocupada em satisfazer suas necessidades imediatas do que em atingir as metas de longo prazo, como o casamento. Quanto mais tempo você adiar o inevitável, mais se enganará e se desvalorizará. Está se magoando mais que à outra pessoa.

Gene revelou-me outro motivo por que muita gente hesita em terminar uma relação:

> Norm, eu sei o que quero num relacionamento. Preocupo-me muito com isso e tenho uma lista, mas não tenho certeza se vou conseguir encontrar o que quero. Acho que tenho de transigir, mas isso me deixa muito incomodado. Alguns dias penso que é melhor terminar, mas depois reflito: "Afinal, nunca vou encontrar a mulher certa", de modo que me contento com o que tenho.

Esse contentamento não dura a vida inteira.

Vejo muitos solteiros permanecerem numa relação porque acham que estão apaixonados. O tipo de amor que eles vivem, entretanto, tem a ver com frustrações passadas ou se trata de confundir envolvimento físico com amor.

Alguns vivem a vida de acordo com a frase: "Mas eu o/a amo...". Tomar uma decisão para o resto da vida com base em sentimentos instáveis e ilusórios é um modo de se manter no sofrimento. Tenho ouvido homens e mulheres dizerem: "Eu amo fulano/a. Ah, eu sei que ele/ela..., mas...". As palavras que os ouço empregar para definir o par variam de *frio, zangado, colérico* e *controlador* a *fechado, distante, insultuoso* e *violento*. A frase descritiva é dita e acompanhada desta: "Mas eu o/a amo...". Não se esqueça: a declaração "eu o/a amo" não apaga as que você empregou antes. Na verdade, a menos que ocorra uma transformação radical na vida dessa pessoa, ou que ela procure uma terapia intensiva, nenhuma palavra da descrição se apagará.[1]

Em seu ministério com divorciados, Jim Smoke aborda esse dilema assim:

> Às vezes vocês estão numa relação há tanto tempo que lutam para decidir entre querer romper e olhar para todo o tempo e empenho que investiram nela. Talvez possamos vencer essas dificuldades. Ou, quem sabe, você esteja sofrendo pressão da família e dos amigos? Eles não param de dizer: "E aí? Quanto tempo isso vai demorar? Vocês sabem que são um para o outro. Estão apenas tendo o nervosismo que qualquer um tem. Vão em frente; amarrem o nó". Então, vocês começam a pensar: "Bom, se eles acham que nós somos a pessoa certa

[1] KENT, Margaret. **How to Marry the Man of Your Choice**. New York: Warner Books, 1984, p. 66, adaptado.

> um para o outro, talvez eu não esteja percebendo alguma coisa". Mas vocês não precisam dessa pressão. Precisam ter certeza. Deixar que alguém tome uma decisão por vocês não vai dar certo, já que essas pessoas não vão ter de viver com a decisão, mas, sim, você.[2]

Smoke prossegue mencionando algumas formas diferentes com que as pessoas tentam socorrer umas às outras. O socorro pode causar lutas imensas na tentativa de romper uma relação para que ela não chegue ao casamento.

Há alguns anos, eu estava trabalhando no aconselhamento pré-nupcial de um casal que estava junto havia cinco anos, mas a relação não ia bem por várias diferenças e problemas. Por fim, eu propus que os dois pusessem a relação e o casamento indeciso em compasso de espera e trabalhassem individualmente em seus problemas. A resposta que ouvi foi: "Finalmente alguém nos deu permissão para *não* casar. Temos sofrido essa pressão toda de todos para continuar e 'atar o nó' ". O suspiro de alívio que ouvi deles é o suspiro que muitos experimentam quando tomam essa decisão. Durante um período, os familiares do casal talvez tenham criado uma amizade íntima e se relacionem muito bem. O rompimento, portanto, não é só do casal, mas pode ser da amizade. E isso também pode gerar pressão indevida sobre o casal.

SOCORRO EMOCIONAL E FINANCEIRO

Socorro emocional é você se empenhar em procurar fazer passar o sofrimento do outro. Você ouve a história da dor do outro, causada por um relacionamento terminado ou um divórcio

---

[2] SMOKE, Jim. **Growing in Remarriage**. Old Tappan: Fleming H. Revell, 1990, p. 47.

triste, e se põe imediatamente à disposição dele. Com muita frequência, porém, o grau de dependência dessa pessoa por você no estado de vulnerabilidade é avassalador. Ou, então, novamente, algumas pessoas gostam que outros dependam dela. Isso só provoca uma relação doentia.

O salvador de relacionamento encontra uma nova pessoa antes de estarem preparados um para o outro. Eles têm de ter uma relação, não importa com quem seja. Vejo muitos desses casais apenas viverem juntos. Cada um tem necessidade de um indivíduo e de um corpo. Eles sabem que não irão a lugar nenhum, mas têm o conforto do lar. Em geral, se não tiverem outra pessoa em vista, não pensam em terminar, para evitar o vazio do período de transição.

Tenho visto mães solteiras presas num relacionamento porque estão sendo socorridas financeiramente pelo homem que está na vida delas. Mães divorciadas têm dificuldade com o padrão de vida rebaixado. É difícil resistir à ajuda financeira, mas, normalmente, essa ajuda está atrelada a uma situação. Como romper um relacionamento quando você sabe que vai perder alguns reais de reforço todo mês? Contudo, não é com esse alguém que você quer viver o resto de sua vida![3]

COMO SE SABE QUE UMA RELAÇÃO ACABOU?

Se você não tem certeza a respeito de uma relação ou está lutando para tentar terminá-la, talvez ajude fazer uma lista de oito a dez consequências de permanecer com essa pessoa. Quem sabe, ao ver as consequências registradas no papel, você se anime a tomar uma atitude? Ao mesmo tempo, faça uma lista

[3] SMOKE, Jim, p. 47-51, adaptado.

do que você está ganhando nesse relacionamento: 1) que seja saudável para você; 2) que melhore seu testemunho e sua caminhada cristã; ou 3) que, de qualquer maneira, piore sua vida. É o melhor para você ou poderia ser melhor? Onde está a vontade de Deus em tudo isso? O que ele está dizendo a você? Eis mais algumas questões a considerar:

1. O que você quer e que, no entanto, seu par não está sendo ou não está fazendo?
2. Há quanto tempo você está pensando em terminar a relação?
3. O que deveria acontecer para você achar que isso funcionaria?
4. Quantas vezes você apresentou os problemas e suas preocupações a seu par? O que aconteceu depois disso?
5. Diante dessa situação, seu par demonstra querer fazer alguma coisa? Isso não importa mais para você?
6. O que essa pessoa faz para você quando está com ela?
7. A atitude e o comportamento dessa pessoa para com você aumentam os seus sentimentos positivos em relação a você mesmo?
8. Você se sente mais atraente estando com essa pessoa?
9. Essa pessoa estimula seus pontos fortes ou destaca as suas fraquezas?
10. Você é uma pessoa melhor quando está ao lado desse alguém? Ele é digno de confiança?
11. Você pede desculpas constantemente por ele? Você e a outra pessoa estão constantemente tentando mudar um ao outro?
12. Sua relação com Jesus Cristo melhorou por estar com essa pessoa?

Uma mulher me disse: "É tão difícil, porque eu não o odeio. Na verdade, ele é uma boa pessoa, mas não serve pra mim. Seria muito mais fácil se ele fosse um canalha, e eu pudesse desprezá-lo, mas não faço!". Não é preciso detestar nem mesmo não gostar de uma pessoa para romper o namoro. Se a relação não faz bem a você, não é pela outra pessoa, não importa o que ela diga. Você já pensou nisso? Você também pode terminar um relacionamento quando se preocupa com a outra pessoa, mas sabe que não vai dar certo para os dois. Mesmo que você dê uma lista de oito itens para seu par mudar e ele atenda a esses oito itens, ela foi feita por você. A não ser que ele queria mudar porque acha que vale a pena, o que faz você pensar que a mudança irá durar? Já ouvi gente dizer: "Se a relação tinha de acabar, eu não duvidaria de minha decisão, duvidaria? Eu pareço estar numa onda, que vai e volta, vai e volta". Isso é normal. Não se deixe deter por isso.

A relação acabou e precisa de um ponto final quando...

1. Você deseja mais estar fora da relação do que dentro dela. Não é necessário que a decisão seja mútua.
2. Vocês dois querem estar fora, mas não querem falar sobre os problemas. Às vezes um casal diz: "Nós ainda nos vemos, mas como 'amigos', já que gostamos da companhia um do outro". Por quê? Isso só os está impedindo de investir tempo e energia na recuperação e na posterior procura de alguém que pode ser o companheiro da vida toda.

Talvez o motivo de você querer sair da relação seja o fato de ela parecer injusta a você. Seu par talvez tenha mudado as expectativas dele por você ou talvez esteja assustado com você por alguma razão e esteja tentando sabotar seu empenho de crescer e se desenvolver. Talvez você esteja contribuindo mais para o relacionamento que o outro, mas ele esteja satisfeito com o grau com que se tem doado dentro do relacionamento. Você assusta seu par de alguma forma ou fica assustado com ele por algum motivo? Esses sinais são aviso de perigo!

Quem sabe você acha que está dando demais no relacionamento? Será que seu par está pedindo que você dê dessa forma, ou você prefere fazer isso por algum motivo? Às vezes a outra pessoa é voltada para si mesma ou só está pronta a receber. Ou, quem sabe, seja você que está dando com o objetivo de provar seu amor e a intensidade do seu desejo, ou com a finalidade de continuar com seu amor? Esse pode ser um dos motivos por que você tem tido dificuldade para romper o relacionamento.

O ROMPIMENTO DE UM NOIVADO

Uma das relações mais difíceis de romper talvez seja o noivado. É como se, quando se fica noivo, fosse feito um anúncio público ao mundo: "Eu vou me casar com essa pessoa. Ela é tão maravilhosa! Estou encantado!". Depois, o que se diz quando termina o noivado? "Cometi um erro. Ela não é maravilhosa. Existe algo de muito errado. Eu não o/a amo. Ele/ela não me ama". É possível que seja isso que impeça algumas pessoas de dar esse passo. Em vez disso, elas acabam num casamento difícil ou mesmo em divórcio.

Entretanto, por mais doloroso que possa ser, romper o noivado não é de forma nenhuma tão desastroso quanto um divórcio. Ao longo dos anos tenho ouvido muita gente dizer:

"Soube no primeiro ano que tinha cometido um erro", ou "Foi na segunda semana da lua-de-mel que aprendi que devia ter ouvido aqueles sinais na minha mente". A declaração mais drástica que já ouvi nesses casos talvez tenha sido a de um jovem que se estava divorciando. Quando perguntei: "Quanto tempo levou para você saber que tinha cometido um erro?", ele me respondeu: "Quando a vi entrando pelo corredor da igreja". Trágico!

Infelizmente muita gente ainda acredita que o noivado tem o mesmo grau de comprometimento que o casamento deve ter. Não tem. Nos Estados Unidos, de 40% a 50% dos noivados se rompem. Nos últimos cinco anos, de todos os casais com quem falei no aconselhamento pré-nupcial, 30% a 35% deles decidiram *não* se casar, alguns no último minuto. Com exceção de dois casos, em todos os outros, o casal tomou a decisão por vontade própria, sem que eu tivesse recomendado essa medida. Um amigo meu contou-me que 80% dos casais com quem ele trabalha em aconselhamento pré-nupcial decidem não se casar. Ao longo dos anos, tenho visto casais que cancelaram o casamento a apenas uma ou duas semanas da cerimônia.

Uma jovem na faixa dos 20 anos descobriu que não amava plenamente o excelente jovem de quem estava noiva. Tinha esperança de que, depois de casada, se apaixonaria por ele. Duas semanas antes do casamento, que teria cerimônia e recepção majestosas, a moça disse ao pai: "Papai, tenho más notícias para o senhor. Sinto, porque vai custar muito dinheiro que o senhor gastou por nada, mas eu não amo meu noivo. Seria errado ir adiante com esse casamento". O pai respondeu: "Querida, não se preocupe com o dinheiro. Estou mais preocupado com você e sua felicidade. O que você achar é o melhor; eu apoio você".

E o casamento foi cancelado. Dois anos depois, ela encontrou o homem que viria a ser seu marido. A atitude dela foi corajosa. Decepcionou e magoou muita gente. Algumas das decisões mais sábias da vida, porém, são assim mesmo.

Você pode esperar ainda mais pressão da outra pessoa quando rompe um noivado do que quando rompe uma relação de muito tempo. Talvez você quisesse se esconder por um tempo para escapar do constrangimento e de todas as perguntas ou mesmo dos interesses genuínos. Contudo, toda vez que alguma relação se rompe, quer uma relação longa, quer um noivado, talvez seja melhor se encarregar disso e fazer uma declaração. Isso vai trazer alívio para você e para os outros. Uma das melhores maneiras de fazer isso é escrever uma carta para as pessoas importantes de sua vida (amigos e parentes), informando o que aconteceu, como isso mexeu com você, e a melhor forma de eles reagirem à sua atitude. As pessoas têm feito isso há anos quando se trata de um rompimento amoroso, de morte de um ente querido, de divórcio ou até de uma pessoa deficiente na família. Essa carta pode ser mais ou menos assim:

> Caro/a _________,
>
> Por ser uma pessoa importante na minha vida, quero informar a você um acontecimento recente ocorrido comigo e que talvez me afete por algum tempo. Como você sabe, eu e __________ estávamos namorando firme nos últimos três anos. Parecia-nos, para nós e para muitos, que nos íamos casar. Entretanto, não é o caso. Eu (ou nós, dependendo da situação) decidi, depois de todo esse tempo, que seria melhor terminar nossa relação e cada um seguir a sua vida. Há razões para isso, e, depois de muita reflexão, diálogo e oração, eu (nós) achei (achamos) que essa era a melhor medida a tomar. Sinto

pela decepção que isso tenha causado a você, bem como por qualquer situação embaraçosa, já que muitos são amigos tanto meus quanto de _________. Para alguns, isso vai significar deixar de ter atividades conosco como casal, como acontecia antes. Portanto, vai ser necessária alguma adaptação da sua parte, assim como da nossa.

Talvez você esteja se perguntando como agir comigo neste momento e sobre o que falar e o que não falar. Na verdade, você pode se sentir à vontade e se comportar comigo da mesma forma que fazia antes. Eu posso lidar bem com o que se refere a ______ e a mim. Não é nada que você precise evitar. Durante algum tempo, talvez eu evite ir a alguns lugares que eu e ______ frequentávamos, enquanto me adapto à minha nova condição. É bem provável que eu não entre em mais detalhes a respeito dessa decisão, mas é suficiente dizer que é a melhor resolução para mim neste momento da minha vida. Muito obrigado por seu apoio e por suas orações.

Uma carta como essa é genuína e, ao que parece, não há muito trauma pelo rompimento. Caso o rompimento do noivado tenha sido traumático, seria bom mencionar que foi devastador e que você vai chorar e se sentir perturbado de vez em quando. Informe a seus amigos especificamente o que você precisa deles e fale sobre o fato de você talvez precisar passar alguns meses em processo de recuperação. Normalmente os outros têm um cronograma irreal para nossa recuperação, e as expectativas deles precisam ser ajustadas. Haverá ainda amigos e parentes íntimos com quem você vai falar e entrar em mais detalhes. Nem todo mundo, porém, precisa disso, e muita gente que está curiosa e/ou preocupada vai ser orientada por sua carta. Essa carta também o protege de ter de falar sobre o ocorrido várias vezes por dia. A repetição do que aconteceu várias e várias vezes pode ser cansativa e dolorosa.

O MELHOR MOMENTO PARA TERMINAR UM RELACIONAMENTO

Qual o melhor momento para terminar um relacionamento? Assim que você souber que não vai dar certo. Você precisa ouvir seu coração, seus pensamentos e a orientação do Senhor. Precisa confiar em você mesmo. Algumas partes da relação talvez sejam positivas, mas será que são bastante fortes para suportar o restante? Conheci gente que soube quando devia terminar depois da primeira conversa por telefone; depois do primeiro encontro; três meses depois; ou três anos. Assim que você descobrir, todo tempo a mais que esperar é desperdício, já que isso atrasa sua recuperação e, portanto, sua oportunidade de criar um novo relacionamento. Você hesitará e ficará confuso. Isso é normal. Talvez haja um relacionamento em que nada disso ocorra e você tem certeza absoluta de que esse em que está já acabou, já era! Isso também é normal. Preste atenção às afirmações paralisantes que você talvez faça e que o manterão preso. Entre elas:

> "Eu detesto magoar outra pessoa".
>
> "O que os outros vão pensar?".
>
> "E se ela/ele ficar com muita raiva de mim? Eu não sei lidar com isso".
>
> "Eu não sei o que nem como dizer".
>
> "É muito difícil".

Toda vez que você afirma algo assim, começa a acreditar mais ainda, e fica mais difícil dar o passo necessário.

COMO TERMINAR UM RELACIONAMENTO

Agora, a grande pergunta: "Como se termina um relacionamento?". Como dizer "não"? Analise as sugestões a seguir:

1. Decida se quer fazer isso pessoalmente, por telefone, por carta ou por *e-mail*. De qualquer forma, se você estiver determinado a não se encontrar mais com essa pessoa, não seja vago nem transmita mensagens de duplo sentido, nem deixe brechas. Portanto, se sua decisão ocorrer num primeiro encontro, ou se você continuar topando com a pessoa no trabalho, falar face a face talvez seja a melhor forma. Se for uma relação de muito tempo, às vezes uma mensagem de *e-mail* é mais fácil para você, já que a pessoa não pode responder imediatamente, tem de refletir e, além disso, não o pode pressionar a mudar de ideia. Uma hora, porém, a pessoa vai querer, e precisa, conversar com você. Seja o que for, não deixe que ela venha a saber por terceiros.
2. Seja generoso e cortês. Você pode falar algo positivo ao mesmo tempo que informa à pessoa que prefere não mais ficar com ela. Frases como "Obrigado, mas seria melhor não" funcionam bem. Entretanto, se você empregar a expressão "no momento" ou "agora", a outra pessoa vai pensar que sua resistência é apenas temporária e você vai voltar. Não diga: "Vou entrar em contato com você" nem "Me liga depois", se quiser que essa relação incipiente ou mais antiga termine.

Seja genuíno. Talvez, você prefira dizer apenas: "Obrigado pelo tempo que você investiu, mas não tenho interesse em continuar com o relacionamento"? Não precisa apresentar uma lista dos motivos, se a pessoa insistir em saber por que você não quer continuar. Use a técnica do disco quebrado e continue repetindo sua declaração, palavra por palavra, como disse no início. Principalmente em caso de relacionamento no início ou de pouco tempo, você não é obrigado a explicar seus motivos. Isso só serve para dar ao outro o controle e o poder sobre você; ele pode começar a questionar suas razões.

Se for uma relação de longo tempo, talvez seja proveitoso para o crescimento pessoal conversar sobre os motivos. Não se esqueça de dizer que seus motivos são o que você acha, de seu ponto de vista. Não espere que a outra pessoa concorde com você. É possível que ela se mostre defensiva e o tente dissuadir de sua perspectiva, assim como de sua decisão. Talvez seja bom acrescentar que você não quer discutir nem defender o caso e está pronto para tomar sua decisão. Às vezes é bom reconhecer os sentimentos da pessoa e dizer que você compreende que ela esteja surpresa, magoada e até com raiva. Não se esqueça, porém, de que, seja qual for a reação da outra pessoa, essa reação é de responsabilidade dela. Não chame a responsabilidade para você, não carregue o ônus da culpa, nem tente fazê-la sentir-se melhor. Se houver algum objeto a ser devolvido, é melhor que seja nessa oportunidade. Se as coisas precisam mudar, faça isso o mais rápido possível.

Se seu par foi desleal com você, como, por exemplo, mentiu sobre quem ele é, sobre o trabalho, a condição financeira, sobre as convicções cristãs; ou se a assediou sexualmente, pegou e usou dinheiro seu, ou foi infiel a você, ele precisa ser confrontado. Vi muitas ocasiões em que a pessoa se saiu bem da situação, sem culpa nem responsabilidade, sem ser confrontada.

Nunca foi desmascarada quanto ao que era. Essas pessoas precisam sofrer as consequências naturais e o mal-estar de sua conduta pecaminosa, para que sintam a condenação e cheguem ao arrependimento genuíno ou para que outros não sejam presas de sua conduta destrutiva.

Já vi casos em grupos de encontros de solteiros em igrejas em que o ofensor foi convidado a sair do grupo por causa de comportamento não cristão, como apropriação indébita de coisas ou recursos do outro; conduta sexual imprópria ou estupro no namoro. Não demorou muito para se espalharem as notícias sobre os motivos. Vi alguns casos em que, por causa de comportamento instável e imprevisível da parte da pessoa que levou o fora, foi pedida a presença de um pastor ou de um casal de amigos íntimos quando a pessoa anunciou que o relacionamento acabara. Essa medida foi tomada por questão de segurança.

Infelizmente há gente que não aceita "não" como resposta. São pessoas que têm obsessão pelo outro, são dependentes de um relacionamento ou estão apenas muito magoadas e iradas e, às vezes, querem também tornar infeliz a vida do "ex". Em todo caso, sua segurança, seu bem-estar, sua paz de espírito e seu futuro estão em jogo.

Se precisar ser muito incisivo e decisivo, e souber que será difícil para você, planeje com antecedência o que acha que vai precisar dizer e pratique falando essas frases em voz alta. Você não pode ser sutil nem demonstrar incerteza, principalmente se a outra pessoa não quiser ouvir o que está dizendo ou for resistente à ideia. Não permita que ela o deixe em situação sem saída, que o encurrale, nem que o faça ficar na defensiva. Talvez você queira usar declarações como estas:

"Sei que isso vai causar um transtorno a você, mas vamos parar de nos encontrar. Não quero discutir sobre isso, já que é uma decisão irreversível".

Se a pessoa insistir em ligar para o seu trabalho ou para a sua casa: "Vou desligar. Não vai adiantar para nenhum de nós continuarmos a conversar e, se você ligar outra vez, eu vou desligar".

"Por favor, não me procure de forma nenhuma. É melhor que cada um de nós siga caminhos separados".

"O que você está fazendo parece perseguição e, se continuar assim, vou pedir uma medida cautelar para que os dois prossigam cada um com sua vida".

Às vezes a parte relutante acredita que conhece seus pensamentos e sentimentos melhor que você; por isso, o que quer que você diga talvez não conte. Quanto mais informações você der, mais aumenta a esperança dela de que você não está falando sério. *Isso é verdade! Não esqueça!* Quanto mais você explica, mais a incentiva a insistir. Às vezes as pessoas dizem: "É cruel ter de ser desse jeito ou romper assim". Isso não é verdade. Isso é justo e amoroso. O que é cruel é continuar e prolongar uma relação que "não vai a lugar nenhum" quando se sabe que já acabou.

Quem sabe você precise tomar mais algumas medidas para se fazer entender? Entre elas, talvez estejam algumas drásticas, como "filtrar" todas as chamadas telefônicas, bloquear *e-mails*, mudar o número de telefone e não o publicar na lista, dizer aos amigos comuns que o avisem caso seu "ex" for a alguma atividade que você planeje ir, ou dar a entender que você não deve ser convidado para nenhum evento a que a outra pessoa compareça.

10

"Será que somos compatíveis?"

"Estamos namorando há três anos. Não somos mais crianças — nós dois temos 32 anos. Parece que estamos indo bem na maior parte do tempo, mas me pergunto... me pergunto se nós somos mesmo compatíveis, ou compatíveis o suficiente para o casamento dar certo. O que você acha?"

O QUE É COMPATIBILIDADE?

Boa pergunta. Você, porém, talvez volte no tempo por causa da minha resposta. Compatibilidade não é algo que acontece simplesmente — vocês fazem acontecer. Os casais que estão namorando acham que são compatíveis, mas não são. Vocês precisam da vida de casados para ter oportunidade de aprender a ser compatíveis, e é preciso uma década de casamento para isso se concretizar. Compatibilidade é algo que se obtém depois de um período de tempo.

Muita gente emprega a palavra "compatibilidade", mas não entende plenamente o seu significado. O dicionário[1] define "compatibilidade" como "qualidade [...] daquilo que pode coexistir

---

[1] *Dicionário Aulete*, 2010.

em harmonia com outro ou outra coisa". Tanto nos Estados Unidos como em muitos países ocidentais, a tendência de justificativa para o divórcio é a incompatibilidade.

Para ser compatíveis, você e seu parceiro terão de fazer algumas mudanças. Vocês *podem* mudar. *Vão* mudar. Na verdade, vocês *têm de* mudar, senão ficarão estagnados. Acredite ou não, você vai mudar seu companheiro. É possível e correto. A mudança é um dos componentes de um casamento saudável. Se vocês não mudarem, isso significa que são perfeitos e não precisam amadurecer. Nós dois sabemos a resposta para essa convicção!

Os casamentos que refletem cônjuges compatíveis têm um ingrediente chamado aprendizado mútuo. Isso significa que ambos se tornaram mestres exímios, bem como aprendizes receptivos. Sem isso, uma relação pode estar em perigo.

O aprendizado mútuo é um processo delicado. Implica dar ao parceiro exemplo positivo das atitudes e dos comportamentos desejados, bem como da falta de disposição para ser flexível e mudar. Implica também umas cutucadas delicadas, lembretes sensíveis, incentivo, a certeza de que o cônjuge pode mudar e ser bem-sucedido e o cuidado de evitar lançar a culpa e repreender um ao outro. Concentra-se no positivo. Você quer conduzir essa mudança para que o resultado final seja positivo.[2]

Se isso significa ser compatível, quais as áreas que precisam de sua atenção? Atração física — ela existe entre vocês? É semelhante? Conversei com homens e mulheres que me disseram amar a outra pessoa, mas na verdade não tinham atração física por ela. Tudo na relação ia bem, mas a atração física era fraca.

---

[2] LAVER, Jeanette C.; LAVER, Robert H. **Till Death Do Us Part**. New York: Harrington Park Press, 1986, p.153-154, adaptado.

Talvez a pergunta seja: "O que você espera que aconteça no aspecto físico? Será que seu nível de expectativa não é irreal?".

Às vezes alguns indivíduos comparam o companheiro com um "ex", com suas fantasias ou até com as próprias reações ao assistir material pornográfico. Não faça essas comparações. Isso vai atrapalhar sua relação atual. É difícil competir com fantasias ou lembranças. Como já mencionamos em outra parte deste livro, só a atração física forte e o desejo não sustentam um casamento. Acredito que é preciso haver algum interesse recíproco na medida de desejar satisfazer suas necessidades sexuais com a outra pessoa. A moderação na atração sexual e no desejo, em conjunto com outras áreas de compatibilidade e amizade, é uma reação saudável, porque, na verdade, a maior parte do tempo que os cônjuges passam juntos no casamento não é em atividade sexual.

Pessoas que têm ideia fixa ou fantasias a respeito de relações em que se atinge o auge de intensidade sexual normalmente, quando se casam, acabam desapontadas: "É assim?". Sentem-se inferiorizadas. Tenha em mente também que, quando você estiver comprometido ou casado, provavelmente outras pessoas cativantes do sexo oposto irão chamar sua atenção, se tiver atração física por elas. Em dado momento, é possível que você sinta desejo sexual por mais de uma pessoa. Tenho em muita conta o pensamento de um autor, que disse o seguinte:

> É da natureza do desejo erótico poder ser investido em várias direções. Essa é a questão que, ao que me parece, Paulo tinha em mente, quando transmite seus conselhos em 1Coríntios 7. Quando ele aconselha os cristãos a se casarem "por causa da imoralidade", não quer dizer "case-se com a pessoa que o atrai tão fortemente que você não consegue

> pensar em ninguém mais", mas significa "por causa da possibilidade das múltiplas atrações, decida investir suas energias sexuais em uma só pessoa: o seu cônjuge". Isso não muda o fato de eu poder ter inclinação natural para ser atraído por outras pessoas, mas ressalta a necessidade vital de compromisso e determinação para não deixar meus interesses se desviarem para fora da relação do casamento.[3]

Não se esqueça de que seu desejo, interesse e intensidade físicos vão flutuar depois que você estiver casado. Isso também é comum.

COMPATIBILIDADE INTELECTUAL

Uma vez que, em vários aspectos diferentes, a intimidade é o laço material que mantém um casamento, é importante que busquemos conhecer esses aspectos para desenvolver a compatibilidade. A harmonia ou compatibilidade intelectual é outro ingrediente, mas não significa que vocês tenham de ter os mesmos títulos acadêmicos, os mesmos interesses profissionais etc. Provavelmente vocês não verão as coisas do mesmo modo nem mesmo pensarão da mesma forma. O estilo de aprendizado de vocês talvez seja diferente porque um pode gostar de aprender pelo que vê, e o outro, pelo que ouve. O casamento possibilita a oportunidade para cada um dos cônjuges crescer intelectualmente e descobrir, num grau maior, a superdotação espiritual de cada um.

Alguns casados são leitores ávidos; outros, não. Eu sou um leitor, mas a leitura não era a principal fonte de aprendizado de minha esposa. Às vezes isso é influenciado pela disponibilidade

---

[3] Smith, Blaine. **Should I Get Married? Downers Grove**: InterVarsity Press, 1990, p. 92.

de tempo, bem como pelas buscas profissionais e tempo de vida. Esteja aberto a ser desafiado pelo conhecimento, pela ideia, pelas reflexões e opiniões do outro. Isso gera crescimento para ambos. Respeitar as aptidões e diferenças de seu cônjuge faz parte da compatibilidade intelectual.

ESTILOS DE COMUNICAÇÃO

Na base dessa e de outras áreas está a capacidade de se comunicar com o outro. A comunicação é o sangue vital da relação de vocês. Quando ela acaba, a relação também acaba. Talvez vocês achem que se estão comunicando bem neste momento. Podem achar que estão em contato, agora, mas será que estão mesmo? Para que a compatibilidade se desenvolva, cada um de vocês vai precisar aprender a falar a língua um do outro. E a ênfase deve ser posta em aprender a fazer isso. Provavelmente vocês ainda não estão falando a mesma língua por causa das diferenças de sexo, de personalidade e de estilo de aprendizado. Todas essas diferenças refletem-se nos seus hábitos de comunicação.

Quando entramos no matrimônio, é como se nos tivéssemos casado com um estrangeiro que traz com ele os próprios costumes, cultura e língua. Pelo fato de cada cônjuge estar adentrando uma cultura estrangeira, pense em dois tipos de viajantes que visitam países estrangeiros: o colonizador e o imigrante. O colonizador quer visitar outro país para vivenciá-lo do próprio ponto de vista, não da perspectiva dos habitantes. Ao entrar no país, ele procura sinais em sua língua e pessoas que usem o seu idioma. Procura o conhecido e não se aventura em território desconhecido. Tampouco não tenta aprender nem sequer o essencial da língua do país que visita. Ele é totalmente dependente de outra pessoa de seu país que pode guiá-lo e interpretar para ele. Quando interage com os habitantes locais, não vai muito longe, mesmo que esteja ali há meses. Os habitantes locais ficam confusos com o que ele fala, e ele também não consegue compreendê-los. Não é uma experiência agradável para nenhuma das partes.

O outro tipo de pessoa é o imigrante. Ele é mais ou menos um aventureiro. Prepara-se para a viagem orientando-se para essa cultura estrangeira. Lê livros sobre essa cultura, sobre seus costumes, a história e a comida desse novo país e até procura aprender frases da linguagem cotidiana. Para poder conversar melhor, talvez ele até tome aulas da língua desse país, antes de sair em viagem. Quando chega a seu destino, está ansioso por descobrir tudo que puder. Procura lugares históricos, experimenta todo tipo de comida nova, lê o máximo que pode na língua do país e emprega sua aptidão verbal recém-adquirida sempre que possível. Pode até curtir morar com uma família desse país durante um tempo, a fim de captar plenamente o sabor desse novo mundo.

Quando o imigrante tenta falar essa nova língua, as pessoas correspondem de modo atencioso. Ajudam-no a pronunciar palavras estranhas. Em geral, se forem conhecedores da língua do viajante, vão começar a falar nessa língua para deixá-lo mais à vontade. Assim, eles também aperfeiçoam as aptidões deles. Ficam satisfeitos com o fato de o viajante ter tentado aprender o idioma deles e podem rir mutuamente dos erros de pronúncia. O imigrante tem um período agradável, enquanto o colonizador acaba se frustrando. Isso ilustra uma relação de casamento. Cada indivíduo tem a sua escolha.

O que isso significa na prática diária? Observe bem suas características de personalidade e o modo com que você se comunica. Em seguida, faça o mesmo em relação ao seu parceiro e compare vocês dois. Observe em que cada um de vocês é diferente do outro. Empenhe-se em aprender a assumir essas diferenças e a equilibrá-las. Depois, adapte seu estilo de comunicação para combinar com o do seu par. Em essência, você estará falando da maneira que seu parceiro fala, e ele vai refletir para você o seu estilo de falar.

Falar a língua do seu par implica não apenas o vocabulário, mas também a embalagem da pessoa. O que quero dizer com embalagem? Refiro-me ao fato de a pessoa ser ampliadora (falar muito e dar detalhes descritivos) ou condensadora (falar só um pouco mais que o mínimo). (Falei disso brevemente no capítulo 1.)

Se seu parceiro é ampliador, vá em frente e se expanda. Se ele é condensador, seja breve.

Os ampliadores falam uma série de frases descritivas quando conversam, ao passo que os condensadores falam uma ou duas frases. Em aproximadamente 70% dos casamentos, o homem é o condensador, e a mulher, a ampliadora. Nenhuma dessas duas características é um traço negativo; o ampliador gostaria que seu cônjuge falasse mais, enquanto o condensador desejaria que o outro falasse menos. Somente quando cada um de vocês se adaptar ao estilo do outro é que começará a acontecer a compatibilidade.

Se seu cônjuge é um ampliador, dê muita informação e detalhes. Seja breve com os condensadores. Você sempre poderá expandir suas conversas se o condensador quiser ouvir mais. É preciso, porém, levar em consideração a preferência do olhar, ouvir e sentir do outro. Essa preferência reflete a maneira pela qual a pessoa aprende melhor e é essencial para aprender a se conectar ou estar em sintonia um com o outro.

Existem outras maneiras em que o estilo de comunicação de vocês varia. Elas precisam ser alteradas para facilitar a comunicação de um com o outro. Não se esqueça de que, ao aprender a ser mais flexível, você não está negando sua identidade nem abafando sua personalidade. A flexibilidade que você adquire ao descobrir como ser compatível o vai ajudar em outras relações da vida, entre elas as do mundo profissional.

Algumas pessoas são muito literais no que dizem. Prendem-se ao assunto e respondem apenas ao que lhes foi perguntado. Não especulam nem confiam em intuição. Costumam ir do ponto 1 ao ponto 2, do ponto 2 ao 3, do ponto 3 ao 4, e concluir com o ponto 5. Às vezes, quando lhes fazem uma pergunta que precise de muita explicação, elas respondem de forma semelhante a um artigo de jornal. Apresentam uma frase com o resumo dos fatos — o lide —, em seguida, dão mais alguns detalhes e, por fim, desenvolvem sua resposta.

Outras, porém, não são literais quando falam. Guiam-se por intuições e amor para especular e analisar todas as possibilidades. Às vezes elas fazem digressões quando estão explicando alguma coisa. Não se atêm ao assunto; ao contrário, desviam-se dele algumas vezes. Podem não terminar uma frase antes de passar para outra e, depois, outra. Costumam passar do ponto 1 ao ponto 3, ao 2, ao 4 e, depois, ao ponto 5. Isso é perfeitamente razoável para elas.

Quando fazem uma pergunta ou comunicam uma nova ideia, primeiro dão os detalhes e, depois, identificam o assunto.

Esses dois estilos parecem familiares a você? Você pode ter um ou outro estilo, mas não totalmente e ao mesmo tempo os dois.

Ter ambas as capacidades, mas seu forte ou sua preferência ser uma só. Você pode aprender a usar seu lado não preferido mais do que imagina. Ao fazer isso, você se adapta à pessoa de sua vida, que talvez seja o seu oposto.

Existe mais um exemplo de como podemos nos tornar mais compatíveis, e esse tem a ver com o modo com que aprendemos. Talvez você aprenda melhor pelo que vê ou pelo que ouve, ou por suas percepções. Você sabe qual é sua preferência? Sabe o que o seu parceiro prefere? Cada um de vocês tem um sentido dominante por meio do qual prefere se comunicar e receber comunicação. É preciso, porém, ficar atento a esse sentido, de modo que você adapte seu estilo de comunicação ao estilo do seu cônjuge. Um indivíduo visual relaciona-se com o mundo à sua volta em termos de como as coisas lhe parecem. É assim que ele aprende melhor, e 70% das pessoas são visuais. Quando essas pessoas imaginam, elas visualizam e, quando se lembram, recordam uma figura. Esse tipo vivencia a vida através de seus olhos. É essencialmente observador — gosta de cinema, TV, eventos esportivos, pessoas, exposições de arte, museu e artes cênicas. É provável que prefira ler, colecionar objetos que gosta de olhar, tirar fotografias e olhar para você. Está sempre preocupado em como ele parece para os outros. Uma pessoa visual fala sobre como as coisas parecem em vez de como se sente. Em geral, quando um indivíduo visual está perturbado, costuma retrair-se e ficar na dele em vez de conversar sobre o problema. Alguém que você conhece é assim?

Os indivíduos visuais preferem conversar pessoalmente a usar o telefone, e reagem bem a mensagens escritas.

Como saber se alguém é mais orientado pelo sentido da visão? Preste atenção às palavras que ele emprega. A seguir, há uma lista de afirmações mais típicas de um indivíduo predominantemente visual:

> Do meu ponto de vista...
> Percebo o que você está querendo dizer.
> Isso parece a coisa certa.
> Isso está bem claro para mim.
> O que você está descrevendo é...
> Não sei; eu não o vi em lugar nenhum.
> Mostre-me o que você está conseguindo.
> Isso mostra um padrão claro.
> Está começando a ficar claro para mim.

Pode-se responder à pessoa com orientação visual assim:

> Estou começando a enxergar o seu ponto de vista.
> Isso me parece bom.
> O que você me contou iluminou mesmo o meu dia.
> Eu não consigo imaginar isso.
> Vejo o que você quer dizer.

Pratique o emprego de palavras com o aspecto visual, principalmente se elas forem novas para você. Faça uma lista de palavras visuais — o máximo possível — e procure meios de empregá-las nas conversas com seu parceiro concentrado no visual. Se você normalmente diz: "Acho isso bom", mude para "Isso me parece bom" quando estiver conversando com uma pessoa centrada no visual.

Se você vai se casar com uma pessoa focada no aspecto visual, precisa se adequar ao estilo de percepção dominante dela. Por exemplo, se está pretendendo comprar cadeiras novas para a casa da família, você vai falar com ela sobre como a aparência do ambiente vai melhorar, além do conforto das cadeiras.

Se você quer fugir para um refúgio silencioso sem nenhum telefone e com poucas pessoas, ressalte para ela os aspectos pitorescos do local.

A pessoa focada no aspecto auditivo quer ouvir sobre a vida. É assim que aprende melhor. Vinte por cento da população norte-americana classifica-se na categoria auditiva. Esse indivíduo relaciona-se mais com sons do que com imagens. Quando lê um livro, o indivíduo auditivo ouve as palavras em silêncio em vez de visualizar as imagens. Com esse indivíduo, é preciso falar mais do que mostrar. Ele prefere falar sobre uma coisa a olhá-la. Longas conversas são importantes para os cônjuges auditivos, e eles costumam se lembrar do que ouviram melhor que outros...

Se você quer falar de sentimentos, a pessoa auditiva vai entender melhor se você verbalizar o que sente. Os auditivos ouvem tanto o que se diz quanto o que não se diz e são perspicazes para perceber mudanças e modulações de voz.

Os auditivos classificam-se em duas categorias diferentes. Alguns se sentem obrigados a preencher os momentos silenciosos da vida com som: conversando, ouvindo CDs ou sussurrando. Outros, porém, preferem o silêncio. Por que uma pessoa auditiva escolheria o silêncio? Porque muitos auditivos mantêm conversas interiores; para eles, os sons externos representam interrupção. Às vezes as respostas faladas intermitentes de um auditivo silencioso podem não fazer sentido para você porque ele não consegue relacionar a conversa que ocorre na mente dele.

O namoro com um auditivo deve ter frases como "eu te amo" repetidas várias e várias vezes. Todavia, a maneira com que se diz isso é tão importante quanto a frequência com que a frase é dita. Descubra as palavras, expressões e tons que melhor transmitem seu discurso de amor e use-as com frequência.

A seguir, algumas frases que uma pessoa com foco no ouvir costuma usar:

> Isso me soa bem.
> Vamos falar sobre isso de novo.
> Cara, isso é música para os meus ouvidos!
> Parece que as pessoas não têm sintonia com ele quando ele fala.
> Harmonia é importante para mim.
> Quando você fala, eu o ouço claro como um sino.
> Diga-me um pouco mais sobre isso.
> Ligue para mim para que possamos discutir a proposta.
> Seu tom de voz está ficando alto e claro.

Que tipo de resposta se deve usar com o tipo auditivo? O mesmo tipo de palavras, expressões e frases que ele usa. Em vez de perguntar: "Você quer ir ver aquele filme novo comigo?", pergunte: "Como soaria para você se eu a convidasse a assistir aquele filme novo comigo?".

Você talvez comente: "Mudar a maneira de falar um com o outro parece um jogo sem sentido que exige muito trabalho". Trabalho, sim; jogo, não. A comunicação eficaz exige que você seja sensível e se esforce para se adaptar à singularidade de seu cônjuge. Aprendendo novas maneiras de conversar, saímos de nossa rotina e nos tornamos mais flexíveis. Mudar seu estilo de comunicação pode fazer a diferença entre prender a atenção da outra pessoa ou ser ignorado.

Algumas pessoas têm tendência a se deixar orientar pelos sentimentos, embora isso seja mais comum nas mulheres que nos homens. (No que diz respeito ao aprendizado, apenas 10% enquadram-se nesse estilo de aprendizado, embora muito mais gente seja mais orientada pelos sentidos. Logo, uma pessoa centrada no visual ainda pode ser muito focada nos sentimentos.) As pessoas orientadas pelo sentimento costumam sensibilizar muito as outras. Em geral, desejam criar relacionamentos profundos.

Os indivíduos focados nos sentimentos quase sempre os demonstram, embora muitos deles não os verbalizem bem. Normalmente pode-se ler felicidade, tristeza, raiva, amor ou prazer no rosto deles ou ouvir essas emoções no seu tom de voz. Eles se preocupam com o que os outros pensam deles. Um homem orientado por sentimentos que consegue verbalizar suas emoções de modo eficiente pode ser um dos maridos de mais fácil convivência.

O indivíduo orientado por sentimentos quase sempre emprega as seguintes palavras e expressões:

> Tenho boas vibrações sobre isso.
> Sinto alguma coisa a esse respeito.
> Gosto de me aproximar de você.
> Aquela pessoa era tão sensível!
> Estou tão feliz hoje! Ontem estava triste.
> Gosto de estar perto de você.

Você também vai ouvir indivíduos sensíveis dizerem palavras como: "toque", "tenso", "pressão", "mágoa", "dor", "suscetível", "delicado", "suave" e "relaxado". Enquanto o tipo visual diz: "Para mim parece bem", o auditivo diz: "Soa bem para mim"; os dirigidos pela emoção dizem: "Sinto que isso é bom", ou "Sinto-me bem com isso", ou "Entendo como você se sente".

Se seu parceiro é visual, não exija que ele se abra e reaja no nível das emoções. Primeiro, ele tem de se ligar a você no nível visual para se sentir à vontade. Se você expressar seus sentimentos aos poucos, no estilo visual, seu companheiro vai começar a corresponder. Nem sempre é mais fácil para uma pessoa visual expressar seus sentimentos em palavras.

Explique a seu parceiro que você consegue enxergar os sentimentos dele, mesmo que ele não os expresse. Primeiro pergunte como as coisas parecem para ele em vez de perguntar como ele está. Com o tempo, você vai poder perguntar: "Como você diria isso se fosse empregar minhas palavras relativas à emoção?", e ele estará pronto para fazer isso.[4]

Isso é apenas uma introdução ao processo. Eu incentivaria todos, não importa que idade tenham, a ler os capítulos 4 a 9 de *How to Change Your Spouse (Without Ruining Your Marriage)*, de minha autoria em parceria com Gary Oliver (Servant Publications, 1994) e *TypeTalk*, de Otto Kroeger e Janet M. Thuesen (Delecarte). (Esses recursos podem ser comprados em Christian Marriage Enrichment, 1-800-875-7560.)

COMPATIBILIDADE EMOCIONAL

A compatibilidade emocional é uma ligação tão importante que, se você se casar sem que ela já exista ou que exista pelo menos em potencial, pode ocorrer qualquer uma das coisas mencionadas a seguir:

1. Pode ser que vocês acabem como um par de solitários casados, com existência separada.
2. Você e seu cônjuge podem ficar carentes emocionalmente e suscetíveis a um caso extraconjugal.
3. Vocês podem acabar pedindo o divórcio.

---

[4] OLIVER, Gary J.; WRIGHT, H. Norman. **How to Change Your Spouse**. Ann Arbor: Servant Publications, 1994, p. 116-21, 174-183. Usado com permissão.

Já vi acontecer todas essas coisas e, às vezes, os três fatos no mesmo casamento. É muito triste. Acredito que o retrato mais vigoroso da profundidade do vazio que possa ocorrer nesse casamento se expresse num epitáfio do cemitério San Antonio, no Texas. Foi mencionado por Max Lucado em *Seis horas de uma sexta-feira:*

> Então eu vi. Estava gravado numa lápide do setor norte do cemitério. A pedra indicava o destino do corpo de Grace Flewellen Smith. Não havia data de nascimento nem data de morte. Havia somente o nome de seus dois maridos neste epitáfio:
>
> "Dorme, mas não descansa.
> Ama, mas não foi amada.
> Procurou agradar, mas não foi agradada.
> Morreu como viveu: só."[5]

Muita gente viveu assim. Duvido que você também queira isso para sua vida. Quando ministro aconselhamento pré-nupcial, consigo prever com antecedência quais os casais que não têm intimidade e em quais deles a possível ausência dessa intimidade no casamento é evidente. Alguns casais ficam chocados com isso. Já vi casais se esforçarem para ter intimidade emocional até que ela surgisse, ao passo que outros adiaram o casamento a fim de reavaliar, e alguns terminaram o relacionamento.

As mulheres tendem a ser mais competentes para falar de sentimentos e ter sintonia emocional com o ambiente em que estão. Elas têm um senso de intuição elevado. É assim que Deus as criou. A sociedade, por sua vez, estimula e reforça essa tendência. Os homens têm outros pontos fortes e precisar trabalhar

---

[5] LUCADO, Max. *Six Hours One Friday.* Portland: Multnomah Press, 1989, p. 36. [**Seis horas de uma sexta-feira, São Paulo: Vida, 2007**].

nessa área da vida deles. Em geral, isso não ocorre naturalmente. A criação que a maioria dos homens recebeu os deixou deficientes no aspecto emocional. Não tivemos bons exemplos para imitar e não fomos estimulados a prestar atenção às nossas emoções nem a desenvolver o vocabulário para expressá-las. Esse problema, no entanto, pode ser corrigido. Qualquer um pode aprender, se assim o desejar.

É possível que o tipo não emocional jamais corresponda ao parceiro focado nos sentimentos, mas o casal pode progredir bastante para se tornar compatível emocionalmente. Incentivo os homens a procurar três recursos antes de se casarem. Dois são livros: *Que bom se ele soubesse*, de Gary Smalley, e *Real Men Have Feeling Too*, de Gary Oliver. O outro é uma série de fitas de Stu Weber: *Tender Warrior*. A ajuda que esses recursos oferecem tem feito diferença significativa em muitos casamentos.

COMPATIBILIDADE ESPIRITUAL

Ainda mais importante que o aspecto emocional é o espiritual. Para que ocorra compatibilidade espiritual, é necessário mais do que vocês dois conhecerem e amarem Jesus Cristo como Salvador e Senhor. Além disso, não é porque vocês são compatíveis nesse aspecto que todos os seus conflitos vão desaparecer. Este é só um aspecto. A compatibilidade espiritual não se mede apenas pelo fato de ambos pertencerem à mesma igreja, gostarem de frequentar a igreja três vezes por semana e terem os mesmos dons espirituais. A personalidade exclusiva de cada um de vocês entra em cena no que tange ao modo com que vocês vivem e manifestam sua fé. Há muitas diferenças que não anulam a compatibilidade.

No meu ponto de vista, sintetizo compatibilidade numa frase: As convicções são essenciais. Isso envolve a relação individual com Jesus Cristo que cada um de vocês deve ter, o que implica o desejo de segui-lo e de que os outros venham a conhecê-lo também. A importância e o valor que cada um de vocês dá às Escrituras como o guia da sua vida faz parte da compatibilidade. Isso, porém, ainda permite a diversidade. Um de vocês talvez dedique meia hora por dia à leitura da Bíblia, e o outro, apenas cinco minutos. Um pode ouvir uma rádio cristã o dia inteiro, e o outro, de vez em quando. Essas diferenças não são parâmetros de maturidade nem de compatibilidade espiritual. Vocês respeitam a singularidade espiritual um do outro e todas as áreas, como, por exemplo, o tipo de música cristã que costumam ouvir, os pregadores preferidos, a forma de adoração etc.?

Acredito que um problema nuclear seja a capacidade de se comunicar um com o outro acerca da vida espiritual de cada um. Vocês conseguem conversar sobre a Bíblia *juntos* ou se comprometer juntos com estudos bíblicos? Vocês *compartilham* pedidos de oração e oram juntos e um pelo outro? Existe hesitação ou resistência quando conversam sobre conceitos, interesses ou convicções espirituais? Cada um de vocês toma a iniciativa de estimular um ao outro a crescer espiritualmente? Vocês se preocupam com os dons espirituais um do outro e se incentivam mutuamente a fortalecer e refletir o significado da compatibilidade espiritual? É melhor começar a cultivar isso antes do casamento como um dos elementos que os atrai um ao outro.

Um último conceito a analisar é o de criar uma declaração de missão para o casamento de vocês. As igrejas criam declarações para refletir suas metas e propósitos. Uma declaração de missão que reflita o propósito e a orientação espiritual para o casamento de dois cristãos deve procurar mantê-los constantes na senda espiritual, à medida que se passam os anos no casamento. Um livro que pode ajudar vocês a fazer isso é *Total Life Management*, de Bob Shank (Multiomah Press).

EXPECTATIVAS E METAS

Outro aspecto a analisar é o universo de valores e metas. Uma das experiências de aprendizado no aconselhamento pré-nupcial é cada um do casal identificar suas expectativas e metas para o casamento. Fazer isso com antecedência, além de esclarecer o que é importante para cada um, mostra em que direção está indo o casamento.

Talvez queiram fazer isso por vocês mesmos. Comecem escrevendo, cada um separadamente, 20 a 25 expectativas que têm quanto ao cônjuge, bem como em relação ao próprio casamento. Em seguida, leiam cada lista e respondam às seguintes perguntas (escritas para um casal de noivos):

1. Será que nós dois temos expectativas nesta área?
2. Será que tenho as mesmas expectativas para meu/minha noivo/a que tenho para mim? Por que não?
3. Em que medida as expectativas que temos um do outro são semelhantes ou diferentes?
4. Quem tem expectativas mais intensas?
5. Quem tem as expectativas alcançadas mais vezes? Por quê? Pelo fato de essa pessoa ser mais velha, mais forte, mais inteligente, ser homem, ser mais poderosa?
6. Qual a origem das minhas expectativas? Elas vêm de meus pais, de livros, da igreja, dos meus irmãos, do bairro em que fui criado?

7. Será que minhas expectativas são mais dignas de ser alcançadas do que as expectativas de meu/minha noivo/a?
8. Será que todas as pessoas que conheço têm as mesmas expectativas em determinada área?
9. Será que tenho "direito" a minhas expectativas?
10. Será que sou obrigado a corresponder às expectativas de meu cônjuge?[6]

Agora, pense em cada expectativa e responda às seguintes perguntas:

1. Essa expectativa que tenho de meu/minha noivo/a tem sustentação na realidade objetiva? É verdade do ponto de vista objetivo que ele/ela deva agir assim?
2. Será que ficarei magoado se essa expectativa não for alcançada?
3. Essa expectativa é essencial para o cumprimento de alguma meta específica que tenho para meu casamento?
4. Em que essa expectativa contribui para a impressão que meu futuro cônjuge tem de mim?
5. Será que essa expectativa me ajuda a alcançar o tipo de correspondência emocional que desejo para mim e para o meu cônjuge no casamento?[7]

Analisar as expectativas é um meio de trabalhar para resolver as diferenças que podem separar vocês. Sim, é possível elaborar uma solução que satisfaça a vocês dois. Vocês precisam

---

[6] WRIGHT, H. Norman. **So You're Getting Married**. Ventura: Regal Books, 1985, p. 108. Usado com permissão.

[7] Ibid., p. 109.

avaliar e esclarecer tudo — *tudo mesmo!* Nesse tudo, incluem-se gostos por comidas, tipos de cozinha, grau de limpeza e cuidado, hora da noite em que vão dormir e se fazem isso juntos ou separados, gosto pela decoração do ambiente, quantia que se gasta em presentes, quanto é importante para vocês a lembrança de aniversários de nascimento e de casamento, nível de barulho em casa, frequência e tipo de programas de TV etc. Talvez isso pareça banal, mas vocês não acreditariam no número de casamentos que se rompem por causa desses conflitos. Se algum item ou problema não for importante para você, mas for para seu futuro cônjuge, você deve dedicar mais importância a ele. Isso faz parte do processo de aprendizado e amadurecimento de vocês.

Depois disso, examine suas metas escrevendo-as e conversando sobre elas. Não se esqueça de que meta é algo que se gostaria de atingir ou ver acontecer. É uma declaração que implica fé, pois diz respeito a algo que esperamos que ocorra no futuro. "A fé é a certeza daquilo que esperamos" (Hebreus 11.1a). Todos nós temos metas e sonhos.

As metas dão senso de direção. Elas não são o que *vai* ser, mas o que você espera atingir. Por serem voltadas para o futuro, as metas a podem auxiliar a superar algumas dificuldades de sua situação atual. Seu foco pode se dirigir para esperanças positivas vindouras. Como cristãos, vivemos no presente e no futuro. As Escrituras nos exortam a ter rumo e objetivos na vida: "Irmãos, não penso que eu mesmo já o tenha alcançado, mas uma coisa faço: esquecendo-me das coisas que ficam para trás e avançando para as que estão adiante, prossigo para o alvo, a fim de ganhar o prêmio do chamado celestial de Deus em Cristo Jesus" (Filipenses 3.13,14). "Em seu coração, o homem planeja seu caminho, mas o SENHOR determina os seus passos" (Provérbios 16.9). Uma vez fixadas nossas metas, nossos passos podem ser orientados pelo Senhor.

As metas vão ajudar você a usar seu tempo com mais eficiência, pois facilitam a separação do que é importante daquilo que não tem tanto valor. Se você sabe o que pretende ou do que precisa, é muito mais fácil evitar desviar-se do foco.

Tenho uma lista de exigências em relação ao meu tempo de ministrar aos outros. Algum tempo atrás, decidi que período preciso dedicar todo mês ao meu ministério de palestras, o que acho ser necessário realizar nesses períodos e o melhor modo de alcançar os objetivos. Agora está muito mais fácil avaliar os pedidos e dizer "não" aos que me podem privar da meta original orientada por Deus.

Quando decidimos sobre metas, precisamos ter consciência de que a meta é um acontecimento futuro, possível de ser realizado e mensurado. Se eu disser que quero ser um bom nadador, estou fixando um propósito. Se disser que quero ser capaz de nadar seis voltas numa piscina olímpica, em 2 de julho, estou fixando uma meta.

Veja a seguir as características de metas bem estabelecidas:

1. *A meta deve ser estabelecida em relação ao resultado final.* Exemplo: Ter duas horas por semana em comunicação direta, olhos nos olhos, com minha esposa.
2. *A meta tem de ser passível de realizar num período determinado de tempo.* Exemplo: Ter duas horas por semana de comunicação direta, olhos nos olhos, com minha mulher no final de fevereiro.
3. *A meta deve ser fixada com clareza em termos de quantidade se for o caso.* Exemplo: Ter *duas horas por semana*

de comunicação direta, olhos nos olhos, com minha mulher em fevereiro.

4. *A meta deve ter um só objetivo ou uma só declaração importante,* e não vários.

COMO POSSO IDENTIFICAR A VONTADE DE DEUS?

Depois de analisar essas preocupações, existe ainda outro aspecto que deve ser observado: o fator decisivo para saber se vocês são ou não compatíveis. A principal pergunta diz respeito à vontade de Deus para a sua vida e a de seu futuro cônjuge. Por fim, onde a vontade de Deus entra em toda essa discussão? Ela é o aspecto central, essencial e mais importante.

Vamos observar alguns passos desse processo. O primeiro é desejar a vontade de Deus para sua vida. Fazer isso significa entregar sua vida a Deus e pedir-lhe que seja o agente orientador. No que diz respeito ao que acontece quando você se entrega a Deus, Derek Prince comenta o seguinte em seu livro *God Is a Match Maker*:

> Em resposta à sua entrega a Deus, ele fará por você o que, por maior que seja a sua força de vontade, você não consegue realizar sozinho. Ele renovará a sua mente. Transformará seu modo de pensar. Isso inclui suas metas, seus valores, suas atitudes e prioridades, que serão postos em conformidade com os do próprio Deus.
>
> Essa mudança interior encontrará expressão em sua conduta exterior. Você não "se conformará" mais em agir como agem as pessoas não nascidas de novo que estão à sua volta. Ao contrário, você será "transformado" e começará a demonstrar em sua conduta a própria natureza e caráter divinos.

Enquanto não começar a viver essa renovação de mente, não poderá descobrir todas as coisas maravilhosas que Deus planejou para você. Em Romanos 8.7, Paulo chama a velha mente, não renovada, de "mentalidade da carne", que é "inimiga de Deus porque não se submete à lei de Deus". Deus não revela seus segredos nem abre seus tesouros para a mente em inimizade contra ele. Quando, porém, sua mente for renovada, você começará a descobrir tudo o que Deus planejou para a sua vida.

Essa revelação do plano de Deus para a sua mente renovada será progressiva. Paulo emprega três palavras para ela: boa, agradável e perfeita.

Sua primeira descoberta será a de que o plano de Deus para você é sempre *bom*. Deus jamais planeja algo de mau ou perigoso para seus filhos. O plano de Deus não é simplesmente *bom*; é também *agradável*. A total entrega a Deus é o portal para uma vida cheia de desafios e prazeres que não podem ser vividos de outra forma. Ao longo dos anos, tenho conhecido muitos cristãos que fizeram essa entrega. Ainda não encontrei nenhum que se tenha arrependido de ter feito isso. Por outro lado, conheço outros cristãos que foram desafiados a fazer essa entrega e se recusaram. Praticamente, sem exceção, estes acabaram frustrados e insatisfeitos.

À medida que progride na descoberta do plano de Deus, você ultrapassará o *bom* e *agradável*; atingirá o perfeito. Quando plenamente cumprido, o plano de Deus é perfeito. Completo. Não tem falhas. Abrange todas as áreas de sua vida, satisfaz todas as necessidades e todos os anseios.

Se o casamento faz parte do plano de Deus para você, confie em que ele vai trabalhar em todos os aspectos, tanto em sua vida quanto na vida da pessoa que ele destinou para você. Ele vai unir você a uma pessoa que perfeitamente compatível, junto à qual você poderá viver o casamento como, a princípio,

> foi planejado por Deus. Isso ocorrerá num nível mais elevado do que aquele com que o mundo já possa ter sonhado.[8]

O segundo passo nessa descoberta é praticar a obediência à vontade de Deus em todos os setores da vida. "A tua palavra é lâmpada que ilumina os meus passos e luz que clareia o meu caminho" (Salmos 119.105).

O terceiro passo é fazer amizades com cristãos, porque os casamentos costumam surgir de relações já existentes. É uma medida que o protege de se casar com um não cristãos. "Se, porém, andarmos na luz, como ele está na luz, temos comunhão uns com os outros" (1João 1.7a).

A quarta diretriz é pedir que o Espírito Santo o conduza. Reconheça sua dependência do Espírito Santo e seja sensível à orientação dele. Normalmente o alerta do Espírito Santo é silencioso e suave. "[...] todos os que são guiados pelo Espírito de Deus são filhos de Deus" (Romanos 8.14).

Outro passo é vigiar o que você permite que entre em seu coração, bem como o que você deixa sair dele. Se você cede com facilidade a fantasias ou a material de sexo explícito, isso pode deformar a perspectiva do que você está procurando. Começar relacionamentos com base em flertes e envolvimento físico e sem profundidade pode impedir você de encontrar a pessoa que está procurando. "Acima de tudo, guarde o seu coração, pois dele depende toda a sua vida" (Provérbios 4.23).

Um dos passos mais difíceis de serem dados em busca da vontade divina é dispor-se a esperar em Deus. Ficamos impacientes e assumimos o controle das coisas por nós mesmos. Quando você

---

[8] PRINCE, Derek com PRINCE, Ruth. **God Is a Match Maker**. Grand Rapids: Chosen Books, 1986, p. 54-56.

espera, não só sua fé é provada, mas também seus motivos são submetidos à purificação. Isso edifica a maturidade do caráter. "[...] vocês sabem que a prova da sua fé produz perseverança. E a perseverança deve ter ação completa, a fim de que vocês sejam maduros e íntegros, sem lhes faltar coisa alguma" (Tiago 1.3,4). A espera supera as irregularidades que podem fazer parte das emoções e do estado de espírito. Este versículo é nosso lembrete: "Desde os tempos antigos ninguém ouviu, nenhum ouvido percebeu, e olho nenhum viu outro Deus, além de ti, que trabalha para aqueles que nele esperam" (Isaías 64.4).

Procure a sabedoria de outros, como amigos e familiares. Até a pesquisa secular demonstrou o valor e o acerto desse procedimento. "O caminho do insensato parece-lhe justo, mas o sábio ouve os conselhos" (Provérbios 12.15). "O insensato faz pouco caso da disciplina de seu pai, mas quem acolhe a repreensão revela prudência" (Provérbios 15.5).

Por fim, lembre-se de que é o Senhor que dá a dádiva de um marido ou de uma mulher. Aborde cada situação ou decisão com a pergunta: "O que vai agradar ao Senhor?".[9] O salmista falou sobre isso em Salmos 37.4: "Deleite-se no SENHOR, e ele atenderá aos desejos do seu coração". "Quem encontra uma esposa encontra algo excelente; recebeu uma bênção do SENHOR" (Provérbios 18.22).

Você pode estar se perguntando: "Existe alguma outra diretriz ou princípio que eu possa seguir para encontrar a vontade de Deus?". A seguir, você encontra um novo modo de examinar esse processo.

Jim Dobson propôs alguns princípios básicos para reconhecer a vontade de Deus para qualquer área da nossa vida. Esses

---

[9] PRINCE, Derek com PRINCE, Ruth, p. 70-80, adaptado.

princípios devem ser aplicados a toda impressão que alguém possa ter no que tange ao casamento.

A impressão se sustenta segundo a Bíblia? A orientação de Deus sempre está de acordo com a sua Palavra. Se um cristão está pensando em se casar com um não cristão, não adianta orar para saber a vontade de Deus; a Bíblia é clara no que diz respeito a essa situação. Quando se consultam as Escrituras, os versículos devem ser considerados no contexto, não como amostras aleatórias.

É providencial? Toda impressão deve ser analisada à luz de circunstâncias oportunas. As portas necessárias estão se abrindo ou fechando? Deus está falando por meio dos acontecimentos?

A impressão é sensata? A impressão faz sentido? Exigir isso é compatível com o caráter de Deus?

Se um indivíduo tem muitos sentimentos misturados acerca de se casar com alguém, se não houver tranquilidade quanto ao acontecimento que está por vir e se a maioria de seus amigos e parentes se opõe ao casamento, a decisão deve ser reconsiderada.[10]

De modo um pouco diferente de olhar esse processo, um conselheiro identifica cinco vozes que o cristão pode ouvir para confirmação de sua capacidade de tomar decisão. Numa de suas mensagens à sua congregação, ele falou sobre esses princípios. Nenhuma voz individual deve carregar todo o peso de escolher um companheiro para a vida. A primeira dessas vozes é a da própria Bíblia. O equilíbrio que as Escrituras dão ao nosso empenho de escolher um futuro cônjuge leva-nos a equilibrar todas as áreas da nossa vida. É fácil ficar enamorado de muitos indivíduos com quem entramos em contato. É fácil também

---

[10] DOBSON, James. **Dr. Dobson Talks About God's Will**. Glendale: Regal Books, 1974, p. 13-21, adaptado.

pensar que estamos perdidamente apaixonados por essas pessoas. Podemos ter atração tanto por cristãos quanto por não cristãos. As Escrituras nos ajudam a ter uma perspectiva do tipo de pessoa com quem o cristão deve se casar. A Bíblia afirma claramente: "Não se ponham em jugo desigual com descrentes. Pois o que têm em comum a justiça e a maldade? Ou que comunhão pode ter a luz com as trevas?" (2Coríntios 6.14). Por conseguinte, o cristão não tem opção, a não ser escolher um cônjuge também cristão.

A segunda voz é aquela "vozinha silenciosa" pela qual, no íntimo, o Espírito de Deus nos oferece orientação; é aquela sensação interior que diz: "O que você está para fazer está certo". É importante lembrar que, ao definir a vontade de Deus diante de uma decisão tão séria como a escolha do futuro cônjuge, cada voz ouvida deve ser cuidadosamente identificada.

A terceira voz baseia-se nas circunstâncias providenciais e experienciais. Essa voz é ouvida quando passamos pelo namoro e percebemos cada vez mais que essa pessoa pode ser verdadeiramente aquela que Deus chamou para ser nossa companheira da vida toda, o/a pai/mãe de nossos filhos, e aquela que vai nos prover sustento e educação para a vida.

A quarta voz em geral está trancada numa cela construída pelas nossas emoções. Já se disse que, quando o amor entra, a razão sai pela porta. Com efeito, precisamos ter atitude de oração e análise profundas para com o indivíduo que talvez venhamos a escolher. Em última análise, é escolha nossa com quem vamos passar o resto de nossa vida.

A quinta voz talvez seja, na verdade, um coro de vozes. É o apoio dado por aqueles que desempenham papel importante em nossa vida.

Pense em todas essas sugestões. Lembre-se de combiná-las com o modo pela qual você vai desenvolver compatibilidade com essa pessoa especial.

Não se esqueça de que Deus quer realizar todos os planos e propósitos que ele tem para sua vida. Reflita também em mais algumas palavras de Derek Prince: "Lembre-se de que, de agora em diante, você não tomará mais as próprias decisões. Você vai procurar e descobrir as decisões de Deus, tornando-as suas decisões".

Só mais uma coisa a lembrar: "Deus dá seu melhor àqueles que deixam a escolha para ele".[11]

[11] Prince, p. 57.

11

Pela segunda vez

"Norm, vou me casar... de novo. O que eu preciso saber?". Essa é uma pergunta comum, uma pergunta impressionante e arrasadora. Sem dúvida, precisa e merece uma resposta. Talvez quem vai se casar outra vez seja você ou, então, você vai se casar com alguém que se está casando de novo. É possível também que este capítulo não tenha absolutamente nada a ver com você. Se for assim, pode ser que ele seja útil para um de seus amigos.

O que vou dizer nas páginas seguintes não tem a intenção de desestimular nem descorçoar ninguém em relação ao casamento de alguém que já tenha sido casado. Apenas visa a preparar você de antemão para que esteja plenamente consciente e no comando de sua vida e de seu novo relacionamento.

Se está pronto para se casar novamente, significa que você saiu daquele vale caótico, sombrio e assustador que muitos experimentam durante um divórcio e depois dele. Felizmente você conseguiu reorganizar sua vida sem ataques de seu ex-cônjuge. Muitos divórcios que tenho visto lembram-me de um país que se dividiu em dois, mas um continua a atacar o outro com guerrilhas.

Em muitos casos, o divórcio pode deixar você com a terrível sensação de fracasso e culpa. Encontrar o caminho de volta para a estabilidade o pode deixar aniquilado, questionando sua sanidade e suas capacidades, ou o deixar mais forte e mais sábio.

Você não será a mesma pessoa que era no primeiro casamento. O tempo entre dois casamentos é um período extremamente importante na sua vida, sobretudo para o seu futuro. A recuperação de qualquer trauma grave nunca é fácil, e, por um tempo, sempre serão dados dois passos para a frente e um passo para trás.[1]

ESTÁGIOS DA RECUPERAÇÃO

Depois do seu divórcio, muito provavelmente você passou por quatro estágios diferentes. O primeiro foi "lembrar a dor". Nesse ponto, se a ideia de um novo relacionamento viesse à sua mente, teria sido como jogar sal numa ferida aberta — dói demais. Seu divórcio talvez ainda fosse muito recente e doloroso. Toda vez que via um casal com aparência de felicidade, surgia uma avalanche devastadora de emoções. Você se sentia como meia pessoa.

Em seguida, você passou para uma nova fase: "aceitação de estar só novamente". Sua dor diminuiu, e você pôs a cabeça fora d'água para ver como era esse novo mundo. Descobriu que não estava sozinho, mas talvez se sentisse frágil. Perguntas e mais perguntas vinham à sua mente — "Como me relacionar com os outros novamente? Onde eu errei? Será que consigo atrair alguém? Quem me vai querer?". Um compromisso novo e profundo era inconcebível. O maior perigo nesse período era o sexo. Sentir-se querido e próximo de novo poderia gerar conflito com seus valores cristãos.

No terceiro estágio, do "procurando, mas seletivo", você começou a se sentir inteiro de novo e passou a se interessar em

---

[1] WESTOFF, Leslie Altridge. **The Second Time Around**. New York: The Viking Press, 1977, p. 24-27, adaptado.

procurar alguém. Ficava à vontade nos momentos em que estava sozinho e se tornou mais acessível. Costumava, porém, avaliar com cuidado cada nova pessoa. Você ainda não estava pronto para um compromisso, mas talvez quisesse ir adiante e ter um relacionamento mais próximo.

O último estágio foi quando você pôde dizer: "Sim, estou preparado!". Você começou a agir como uma pessoa integral, e o casamento começou a parecer mais atraente do que permanecer solteiro. Você deixou uma relação caminhar no próprio ritmo. Estava pronto para um compromisso quando o risco desse passo gerava menos medo do que a condição de estar sozinho. Em geral, demora de três a quatro anos depois do divórcio para isso ocorrer. Se acontecer no primeiro ano, é cedo demais. A espera dá a oportunidade de aprender a procurar e amar uma pessoa inteira em vez de uma pessoa pela metade.[2]

Acho seguro afirmar que, ao entrar num segundo casamento, depois de um divórcio, toda pessoa está esperando que esse casamento seja melhor que o primeiro. Felizmente esse desejo vai mover você a tomar todas as medidas possíveis para transformar esse sonho em realidade. Entretanto, pense nos comentários de Jim Smoke sobre o novo cônjuge:

> Eis algumas expectativas secretas de novos cônjuges que me foram relatadas durante os anos. Se alguma delas for parecida com as suas, tire-as do esconderijo:
>
> 1. Meu novo cônjuge vai me fazer muito mais feliz que o primeiro.

---

[2] KRANTZLER, Mel. **Learning to Love Again**. New York: Thomas Y. Crowell Co., 1977, p. 102-114, adaptado.

2. Meu novo cônjuge vai ser completamente diferente do primeiro.
3. Meu novo cônjuge sempre vai me compreender.
4. Meu novo cônjuge não terá nenhum dos maus hábitos do primeiro.
5. Meu novo cônjuge será melhor pai/mãe que o primeiro.
6. Meu novo cônjuge nunca me vai decepcionar.
7. Meu novo cônjuge nunca vai administrar o dinheiro tão mal quando meu ex-cônjuge.
8. Meu novo cônjuge vai me tornar uma pessoa melhor e me fazer feliz.
9. Meu novo cônjuge vai fazer que passem todas as dores e mágoas de meu casamento anterior.
10. Meu novo cônjuge é perfeito.

Se algum cônjuge preparado para o atual segundo casamento soubesse que as expectativas mencionadas anteriormente se dirigissem a ele, provavelmente fugiria do país.[3]

ESPERANÇA PARA O SEGUNDO CASAMENTO

Fui incentivado por aqueles que passaram meses de preparação frequentando cursos preparatórios pré-nupciais para o segundo casamento, bem como estive envolvido em sessões de aconselhamento pré-nupcial. Outros indivíduos, porém, parecem que entram no casamento seguinte como que por um passo de valsa e supõem que este vai ser melhor. Um segundo casamento, contudo, não é nem um pouco mais fácil que o primeiro; é mais difícil.

---

[3] SMOKE, Jim. **Growing in Remmariage**. Old Tappan: Revell, 1990, p. 88.

Não só isso; é muito mais complicado. Se você pensava que seu primeiro casamento deu trabalho, talvez se surpreenda com o que acontece agora.

No primeiro casamento, você não tinha de dividir seu cônjuge com ninguém mais, nem seu cônjuge tinha de dividir você com mais ninguém. Entretanto, se um dos dois tem filhos, você pode acabar com 50% a 75% menos de tempo e energia para dedicar à construção do seu novo casamento. Num sentido, o segundo casamento é semelhante ao primeiro — o primeiro ano é o mais importante no que diz respeito a formar laços e construir a relação. Entretanto, com menos tempo disponível, esse período pode se alongar muito mais.

Quando tratou do segundo casamento, você se perguntou por que a taxa de divórcio em segundos casamentos é mais elevada que no primeiro? Podem-se identificar alguns motivos. Seria bom você se lembrar disso. A seguir, alguns fatores que causam o fracasso de um segundo casamento.

Com frequência, o segundo casamento de um indivíduo tem intenção de punir o primeiro cônjuge e absolver de culpa aquele que o está punindo.

Para que o segundo casamento dê certo, é necessário investir bastante energia. Talvez haja a impressão de ter de consertar as áreas deficitárias do primeiro casamento; por isso, a série de "deve" e "precisa" que se impõe pode prejudicar o segundo casamento.

Correr na direção de um novo casamento é uma das melhores maneiras para ele dar errado. Alguns segundos casamentos fracassam por causa da compulsão de repetição — escolher o mesmo tipo de parceiro de novo ou repetir alguns dos mesmos maus hábitos.

Não aprender com o primeiro casamento é um defeito que contamina o novo casamento.[4]

CARACTERÍSTICAS DO SEGUNDO CASAMENTO

O segundo casamento é diferente do primeiro por uma série de razões. Num novo casamento, normalmente existe outro elenco de atores além de vocês dois, e as possibilidades de problemas são ilimitadas. Você também está se envolvendo com a família de origem de seu novo cônjuge, com o ex-cônjuge dele e família, com os filhos do primeiro casamento, além de amigos. As relações se expandem quando cada um de vocês traz para a cena os respectivos filhos. Agora você tem parentes pelos laços afetivos e pelo vínculo jurídico. E se o "ex" de seu novo cônjuge se casar novamente? Você vai ouvir falar dele, assim como também o terá na sua vida. Num sentido, você pode estar se casando e entrando numa enorme família estendida com um número de pessoas com quem nenhum de vocês dois se importa. No entanto, vocês estão presos a essas pessoas!

Além disso, há inúmeras pressões externas novas para vocês. Elas virão de todos os lados: dos pais, vizinhos, familiares, do trabalho, da escola e dos membros da família anterior. Você vai ouvir comentários que vão do positivo ao negativo. "Ah, você é a nova esposa do Bob. Bom, espero que consiga lidar melhor com os filhos dele do que 'ela' lidava" ou "Bem, Jim, sem dúvida espero que você dê à Laura uma mão com as finanças. Acho que isso a ajudaria a pôr as contas dela em dia". Até os pais do seu novo cônjuge podem ter algum conselho ou advertência

---

[4] BAER, Jean. **The Second Wife**. New York: Doubleday Co., 1972, p. 209-213, adaptado.

para você. Outros poderão se ressentir com você, não gostar de você, comparar, amar, ignorar ou aceitar você. As possibilidades são infindáveis. Alguns podem elogiar, e outros podem assustar, sabotar ou receber você de braços abertos. Já vi de tudo. Um homem casado pela segunda vez me disse: "Minha ex-mulher ainda está na minha vida e tenta atrapalhá-la. Ela envenena as ideias dos filhos em relação à minha atual mulher e espalha histórias sobre ela na vizinhança. Agora as crianças se perguntam em quem devem acreditar!".

Não se esqueça de que, no primeiro casamento há menos pessoas envolvidas que no segundo, e os sentimentos são muito menos complicados.

Quando você se casou pela primeira vez, como seus pais reagiram? É provável que tenham ficado ou tristes ou alegres. Com o segundo casamento, talvez haja hesitação, reservas ou preocupação quanto a esse casamento dar certo ou não. Se houver enteados, a apreensão pode ser ainda maior da parte deles. Pense nesta hipótese: seus filhos ou seus futuros enteados vão se perguntar onde eles se encaixam nessa família e como vão se dar com os membros da nova família. Já vi segundos casamentos se dissolverem porque um dos filhos odiava tanto o/a padrasto/madrasta que jamais dava sossego aos pais enquanto ele estava em casa. Ele interrompia as conversas e se interpunha literalmente entre o novo casal quando estavam conversando.

É possível que seus pais ou os pais de seu ex-cônjuge se incomodem com seus planos de novo casamento e se preocupem em não ver mais os netos como antes. Talvez o ex-cônjuge se preocupe imaginando que você vá querer a guarda, auxílio financeiro e trocas de visitas. Ou, quem sabe, ele queira isso tudo! É possível que um ex-cônjuge dê de presente de casamento a você o fato de seus filhos ou os filhos de seu atual cônjuge terem de morar com vocês. Já aconteceu antes.

Não se esqueça de que as pessoas trazem para o novo casamento rotinas que se criaram com o ex-cônjuge. O novo cônjuge talvez espere conhecer e aceitar essas rotinas. E, se você ou seu novo cônjuge tiverem relacionamento muito próximo com um dos pais de um ex-cônjuge e quiser manter essa amizade? Como isso afetará a nova união? As pessoas costumam trazer lembranças positivas e negativas para o novo casamento. Quando tudo está indo bem com seu novo cônjuge, suas lembranças do relacionamento anterior são negativas. Você se recorda dos defeitos. Quando, porém, as coisas não vão bem em seu novo casamento, talvez você seja tentado a ter como modelo de perfeição a relação anterior. Novos casamentos podem ser um solo fértil para comparações. Um dos dois ou os dois trazem filhos para a nova relação. Isso implica uma série enorme de ajustes.

Permita-me umas sugestões iniciais baseadas em mais de trinta anos de aconselhamento a indivíduos casados, divorciados e casais que vão se casar. Dou essas sugestões motivado pelo desejo de que você tenha a relação satisfatória e gratificante que está procurando. Pode até ser que a seguinte série de sugestões, comentários e perguntas seja tediosa e até ofensiva, mas a intenção é incutir o senso de realidade no seu futuro.

Se seu ex-cônjuge não se casou novamente, você já pensou ou tentou se reconciliar com ele, ou essa porta está completamente fechada?

Casar-se de novo é algo que você acredita ser a vontade de Deus para a sua vida? Você sabe explicar os motivos da sua resposta?

Você já participou de um programa intensivo de oficina de recuperação do divórcio e completou todos os requisitos exigidos? Isso é imprescindível antes de começar uma nova relação. Vai exigir tempo e empenho de sua parte completar essa tarefa, mas ela é essencial para sua recuperação. A dificuldade em geral é encontrar uma oportunidade assim. Muitas igrejas menores ou mesmo as de médio porte não têm esse ministério; e nas comunidades pequenas é ainda mais difícil encontrar esse tipo de seminário. Felizmente agora existe um programa de recuperação plena do divórcio em vídeo acompanhado de um caderno de exercício chamado *Divorce Care* [Tratamento de divórcio]. (Informações de onde obter esses materiais estão disponíveis pelo telefone 1-800-875-7560, do Christian Marriage Enrichment.) Mesmo que você nunca tenha sido casado, mas está se casando com alguém que já foi casado, será útil participar de um programa de recuperação ou usar a série *Divorce Care*. Quanto maior a profundidade de seu conhecimento da complexidade do divórcio e da recuperação, maiores serão suas chances de cultivar uma relação saudável.

A propósito, se você já passou por um divórcio e se recuperou, tenha cautela quanto a namorar alguém recentemente divorciado. Essas pessoas costumam procurar alguém para salvá-las, e você pode estar lidando com um reboteador.

COMO VOCÊ SABE SE ESTÁ PREPARADO?

Uma grande pergunta a ser respondida é: Você está preparado para se casar de novo? Muita gente que se divorcia vive com medo e tem dificuldade para confiar. É possível que sua confiança no ex-cônjuge tenha sido quebrada, e você talvez esteja lutando para voltar a confiar em alguém. Pode também estar lutando com o medo de que o novo relacionamento seja uma repetição do primeiro. A confiança se constrói lentamente. Você precisa aprender a confiar nos próprios julgamentos, decisões e sentimentos. À medida que você aprende, o medo é desalojado.[5]

Será que os outros acham que você está preparado para se casar novamente? Se você não perguntou aos seus amigos íntimos e membros da família, faça isso. Peça-lhes que sejam específicos nas razões que derem. Você é realista no que diz respeito a fazer o novo casamento dar certo quando há filhos envolvidos? Não se esqueça de que leva pelo menos cinco ou seis anos para uma família mista se harmonizar.

Alguns casais com quem trabalhei e que estão pensando em se casar novamente procuram saber se estão de fato livres das influências do casamento anterior e prontos para se casarem de novo. Se suas respostas às perguntas a seguir forem afirmativas, talvez você precise, desta vez, reconsiderar a ideia de se casar novamente:

> Esse novo cônjuge em potencial lembra seu antigo cônjuge na aparência?
>
> A característica de personalidade que você tanto valoriza nessa nova pessoa seria aquela que faltava ao seu ex-cônjuge?
>
> O(s) mesmo(s) conflito(s) que havia no seu casamento anterior também existe(m) nessa nova relação?
>
> Você guarda ressentimento contra você ou contra seu antigo cônjuge pelo que aconteceu no casamento de vocês?
>
> Essa relação atual começou como um "caso", quando você ainda estava casado?

---

[5] SMOKE, Jim, p. 35-40, adaptado.

Você resiste a (ou se rebela contra) tudo o que o/a lembra de seu antigo cônjuge ou do estilo de vida que vocês levaram juntos?

Você gasta muito tempo pensando no que se está passando na vida de seu antigo cônjuge?

Será que você está procurando alguém que seja um clone do seu antigo cônjuge, mas sem os defeitos dele?

Às vezes adiar a decisão de se casar de novo é útil para dar tempo para a recuperação e a mudança.[6]

Você já reservou tempo para descobrir tudo o que pode a respeito do antigo casamento de seu novo amor? O que ele gostava e do que não gostava no ex-cônjuge; e, em consequência disso, quais são as expectativas dele a seu respeito? Não tenha medo de perguntar: "O que você fez de errado?". Pelo mesmo motivo, se já foi casado, disponha-se a revelar aquilo em que você errou. Ouça seu companheiro quando ele falar sobre o primeiro casamento dele. Ele não está apenas contando uma história, mas, sim, dando informações que vão influenciar o seu casamento. Medos e mágoas que levam anos para se acumular não desaparecem da noite para o dia. Expor francamente os problemas é saudável. Se você já foi casado, não se esqueça de observar os próprios problemas.

POR QUE ME ESTOU CASANDO DE NOVO?

Você talvez já esteja num novo relacionamento e espera que dê em casamento. Jim Smoke, no seu eficiente livro *Growing in Remarriage*, propõe algumas diretrizes de cautela referentes

---

[6] FLACH, Frederick F. **A New Marriage**. New York: McGraw-Hill Book Co., 1978, p. 65-66, adaptado.

a vários tipos de Motivos de Resgate para o casamento. Isso ocorre com muita frequência em segundos casamentos. Falamos sobre algumas dessas diretrizes no capítulo 9, incluindo o resgate emocional, relacional e financeiro. Alguns dos mesmos motivos que nos mantêm numa relação muito longa podem nos impelir a uma relação muito breve.

Além das outras formas de resgate, você vai enfrentar também a questão sexual. O resgate sexual é um problema que a maioria das pessoas que estão solteiras de novo vai ter de enfrentar. A preocupação tem dois aspectos: "Será que vou ter relação sexual com alguém de novo agora que estou sozinho?" e "Será que vou ser celibatário (e será que conseguirei) até me casar novamente?". Isso se transforma na grande busca para muita gente. Alguns encontraram essa pressão que os estimulou a se casarem. O celibato e uma conduta bíblica de vida são possíveis e mais frequentemente praticados do que se acredita.

Outra forma de resgate é digna de nota — o resgate da responsabilidade parental. A responsabilidade paterna ou materna por um, dois, três ou quatro filhos pode provocar esgotamento nervoso. Muitos segundos casamentos aconteceram porque o pai ou a mãe queria outra mãe ou outro pai mais do que um novo cônjuge. Não se esqueça de que ser pai ou mãe biológicos sempre implica um laço mais forte e mais envolvimento emocional com os próprios filhos do que com os enteados. O segundo casamento jamais vai livrar você de ser o pai ou a mãe originais.[7]

Felizmente podemos tirar proveito da riqueza de informações acumuladas ao longo dos anos acerca de problemas de ajustes

---

[7] SMOKE, p. 47-54, adaptado.

no casamento. É muito mais simples quando não há filhos participando do novo casamento. Entretanto, muitos novos casamentos têm mais de um filho de ambas as partes.

Se você ou seu novo cônjuge estão levando filhos para o novo casamento, espero que haja uma relação saudável e cooperativa entre o pai ou a mãe biológicos e o seu "ex". Se, porém, se tratar de uma relação problemática, você e seu novo cônjuge talvez precisem elaborar alguma forma de "política externa" na conduta com o ex-cônjuge. A finalidade dessa política é:

- impedir que um ex-cônjuge drene os recursos emocionais ou materiais de seu novo casamento.
- impedir que seu antigo casamento interfira e tenha influência negativa na sua nova união.
- evitar que as reações de seu ex-cônjuge magoem os filhos de seu novo casamento.
- tentar construir um tipo de interação madura e saudável entre os ex-cônjuges.

Você e seu novo cônjuge talvez precisem ser firmes nas respostas e não ser acessíveis nos momentos em que o ex-cônjuge procurar fazer contato. Deixe muito claro que a nova relação vem em primeiro lugar e que você está disposto a ajudar seu novo cônjuge a lidar com o antigo.[8]

PRINCIPAIS PROBLEMAS DE AJUSTAMENTO

Falaremos aqui dos principais problemas de adequação das famílias de um novo casamento. Não é intenção ameaçar nem

---

[8] FLACH, p. 137-142, adaptado.

assustar você, mas, sim, esclarecer e o ajudar a fazer a preparação necessária e os ajustes devidos para ter um relacionamento bem-sucedido. Você pode até se surpreender com alguns desses problemas, mas verificou-se que eles são muito importantes.

Um dos problemas é sobre o nome que deve ser usado pelo novo pai ou nova mãe. Cada família tem de elaborar um nível de conforto para cada membro.

Em primeiro lugar, *do que um filho o chama* — pai ou mãe "extra" ou "substituto"? Os filhos em geral preferem pensar em termos de "novo pai" e "pai antigo" ou "pai verdadeiro". Podem também dizer "primeiro" ou "segundo" pai. Os enteados não só têm dificuldade com o rótulo de "enteado", mas também podem ter conflito com o último sobrenome da mãe deles, que agora talvez seja diferente do sobrenome deles.

A *expressão de amor e afeto para com o novo pai ou a nova mãe* não é fácil de resolver, porque implica sentimentos de lealdade ou aliança pelo pai ou mãe ausentes. O padrasto ou a madrasta provavelmente receberá sentimentos tanto positivos como negativos das crianças. Algumas podem se aproximar do padrasto ou da madrasta e outras podem permanecer distantes deles.

A *perda do pai ou da mãe naturais* vai gerar uma reação de luto. Se os membros da família ainda estiverem passando pelo luto quando um membro (ou alguns) da nova família entrar na família, tanto a recuperação quanto o vínculo com o novo relacionamento vão ser retardados. A maioria das pessoas de nossa sociedade não sabe sofrer o luto, nem os que as cercam sabem ajudá-las no processo.

Muitos membros da família do novo casamento acreditam que os *sentimentos de amor e afeto* podem se criar facilmente nas relações familiares. Isso normalmente não acontece, e o alto grau de expectativa para que isso ocorra pode gerar um forte sentimento de desilusão no novo casamento. Isso vai levar uma quantidade significativa de tempo. Se vocês vão formar uma família mista, pense nesses fatos que provavelmente vão fazer parte de sua experiência.

O que normalmente acontece quando as famílias se misturam é:

1. Você passará muito tempo costurando as feridas dos membros da família fragmentada.
2. Você se sentirá receoso diante daquela parte das férias em que as crianças passam umas pelas outras nos aeroportos.
3. Você precisará providenciar mais brinquedos, cobertores, toalhas e sacos de dormir sobressalentes na sua casa do que sua capacidade de lidar com eles.
4. Alguns dias, você vai se perguntar que filhos pertencem a que pai ou mãe, em que planeta.
5. Você vai se cansar rapidamente de ser o padrasto ou a madrasta "malvado/a".
6. Você vai querer que todos os filhos se transformem em tutelados quando se tratar de administrar disciplina.
7. Você vai se cansar de ouvir as crianças dizerem: "Meu pai [ou minha mãe] verdadeiro disse que eu podia fazer...".
8. Haverá ocasiões em que você será amado e desamado no mesmo minuto.
9. Você vai querer que Deus dê a todos os padrastos e madrastas um castelo no céu, sem crianças.[9]

O quinto problema é a *decepção que os filhos têm* quando seus sonhos e fantasias com a reconciliação dos pais não se realizam.

---

[9] SMOKE, p. 92.

A realidade do segundo casamento põe fim a qualquer esperança deles. Mesmo anos depois do divórcio, os filhos acalentam esses sonhos. Se os filhos são particularmente próximos do pai ou da mãe que não têm a guarda deles e se apegam a sonhos de que os pais vão se reconciliar, o novo casamento vai ter dificuldades.

O número um dos problemas no segundo casamento em que há filhos são os *conflitos com disciplina*. Alguns padrastos ou madrastas se mantêm negligentes e descomprometidos — isso não funciona. Alguns se envolvem ativamente e são excessivamente limitadores — isso não funciona. Outros permanecem hesitantes — isso também não dá certo. O que, então, dá certo? A abordagem que funciona é uma aproximação lenta, amável e flexível, em que se cria uma amizade para ganhar a participação da criança. Todavia, o pai ou a mãe biológicos deve assumir a liderança com o apoio do padrasto ou da madrasta. Isso, no entanto, só funciona quando vocês conversam sobre o problema previamente.

Outro problema é *o conflito entre irmãos*. Se os filhos ainda estão perturbados e zangados com o divórcio dos pais, haverá atrito entre os "novos irmãos". Essas relações são vitais para o sucesso da família mista. Quanto melhor a relação entre os "irmãos postiços", melhor a harmonia de toda a família.

Numa família mista, você vai encontrar *competição* pelo tempo. Normalmente há uma distribuição desigual do tempo, e os filhos quase sempre acham que eles foram obrigados a escolher entre o padrasto ou a madrasta, e entre o pai ou a mãe biológicos.

Quanto maior o número de membros recém-adquiridos na família, maior a *complexidade das relações*. Quanto mais gente, mais difícil é encontrar-se no sistema. É como me disse um novo marido e padrasto: "É como se eu tivesse me casado com uma multidão que está sempre circulando na casa, e não só é difícil saber onde a gente se encaixa, mas também é difícil conseguir um pouco de tempo sozinho".

Uma família de um novo casamento também tem *maior potencial para conduta sexual imprópria.* Isso pode ocorrer entre "irmãos postiços" ou, tragicamente, entre o padrasto e uma enteada, ou entre a madrasta e um enteado. Às vezes a tensão sexual, as fantasias e as ansiedades podem gerar conflito e ira que podem tumultuar o funcionamento normal do dia a dia.

Os filhos vivem um *pandemônio emocional* quando saem da casa deles para viver na casa do outro pai ou mãe biológicos e depois voltam de novo para casa. Vão sofrer o transtorno durante alguns dias, porque o tempo de saída e entrada se prolonga além do tempo de visitação. Existe tanto o tempo de preparação quanto o tempo de recuperação, depois da volta para casa. Quase sempre esse transtorno é constatável na escola. Sentimento de culpa, de perda e a necessidade de viver o luto são reações normais a essa adaptação.

Pelo fato de o novo casamento com filhos significar família instantânea, *qualquer problema conjugal vai piorar.* Não há nenhuma oportunidade para analisar a relação conjugal primeiro. Se, porém, a relação entre padrasto ou madrasta e enteados der certo, vai gerar um efeito positivo no casamento.

As dificuldades financeiras podem ser um problema, e é comum haver conflitos por causa do sustento de filho, do cônjuge, com testamentos, *trusts*, distribuição de bens futuros, financiamento do casamento da filha, acordos pré-nupciais etc.

Outra preocupação é a *influência constante do pai ou da mãe sem a guarda do filho nas práticas educativas dele.* Se todos os pais não cooperarem, a criança sentirá esse estresse.

Quanto mais perto do divórcio o segundo casamento acontecer, mais competição haverá entre os pais.[10]

Apesar de todos esses problemas de adaptação e das múltiplas relações, um novo casamento pode ser uma experiência satisfatória em que cada indivíduo pode encontrar o que sempre procurou no casamento. Planejando, orando e sendo persistente na busca de solução dos problemas, pode dar certo. Já vi isso acontecer várias vezes. Faça acontecer você também. A decisão é sua.

[10] Twenty Major Issues in Remarriage Families, **Journal of Counseling and Development**, julho/agosto de 1992, v. 70, p. 709-717, adaptado.

Apêndice
Perguntas para uma conversa numa nova relação

1. Que lembranças especiais você tem de sua infância?
2. Como era sua relação com cada um de seus pais? Como eles eram?
3. Do que você gostava e do que não gostava nos seus pais?
4. Quais foram seus sofrimentos e decepções na infância?
5. Quais eram seus *hobbies* e jogos favoritos?
6. O que normalmente causava problemas a você?
7. Em geral, como você tentava se livrar de problemas?
8. O que agradava a você na escola e nas atividades escolares?
9. Que animaizinhos de estimação você tinha? Quais eram os favoritos e por quê?
10. O que você sonhava ser e fazer quando ficasse mais velho?
11. Você gostava de si mesmo quando era criança? Por que sim ou por que não?
12. Você se gostava de si mesmo quando era adolescente? Por que sim ou por que não?
13. Quais eram seus talentos e aptidões especiais?
14. Que prêmios e realizações especiais você ganhou?
15. Você tinha apelido?
16. Quem eram seus amigos íntimos? Onde eles estão hoje?
17. O que você faria numa tarde quente de verão?
18. Fale sobre a região onde você cresceu — das pessoas, da vizinhança etc.

19. De que você tinha medo? Você ainda tem algum desses medos hoje?
20. Como você se relacionava com seus irmãos e suas irmãs? Se não tinha irmãos, com que familiar você tinha amizade mais íntima?
21. Quando foi seu primeiro encontro de paquera?
22. Quem você namorou e por quanto tempo? Aonde vocês iam quando se encontravam?
23. Como você se sentia quando gostava de alguém e essa pessoa não se importava com você?
24. Como era sua vida espiritual quando você era criança? E quando adolescente?
25. De que forma ter se tornado adulto (19 anos ou mais) mudou a sua vida?
26. Em que você está diferente hoje em relação ao que era dez anos atrás?
27. Quais foram suas maiores decepções? Como você lidou com elas?
28. O que você aprendeu com elas e gostaria que eu aprendesse?
29. Que partes de sua infância você gostaria de reviver?
30. Do que você se lembra de seu primeiro dia de escola?
31. Você gostou da escola? Por que sim ou por que não? Qual foi a série de que você mais gostou e quais eram seus professores favoritos?
32. Com que idade você estava quando gostou pela primeira vez de alguém do sexo oposto?
33. Qual a ordem de seu nascimento entre seus irmãos?
34. Você tinha dinheiro suficiente na juventude? Roupas suficientes?
35. Quais foram seus outros namoricos ou namoros firmes? Do que você gostou e do que não gostou em cada uma dessas pessoas?
36. Que empregos você teve?
37. Qual o seu grau de instrução e qual a sua experiência profissional?
38. Quais foram suas reações emocionais aos empregos, colegas de trabalho e chefes? Quais eram suas aspirações?
39. Na sua opinião, quais são seus dons naturais?
40. Na sua opinião, quais os seus pontos fortes? E os fracos?
41. Como é o seu histórico de saúde?

42. Qual a sua música, seu feriado, programa de TV e passatempo favoritos?
43. Qual a sua definição de um/a marido/mulher ideal?
44. Você gosta de animais domésticos? De quais?
45. Quem são as cinco pessoas mais importantes da sua vida?
46. Que líderes ou escritores cristãos influenciaram você?
47. Quem são seus amigos?
48. Onde você gostaria de morar? Em que país, estado, cidade, casa ou apartamento?
49. Qual é o seu ponto de vista sobre o envelhecimento?
50. Quem era cristão na sua família?
51. Qual foi o melhor ano da sua vida? Por quê?
52. Quem deu a você educação sexual? Quais foram suas experiências sexuais? Qual o seu modelo de expressão sexual neste momento de sua vida?
53. Quais são os seus pontos de vista políticos?
54. O que você gosta de ler? De assistir na TV?
55. Você já teve algum filho? Quer filhos?
56. Qual é a sua primeira lembrança?
57. Quem são seus parentes favoritos?

Esta obra foi composta em *Futura Std* e *Museo300*
e impressa por Edições Loyola sobre papel
Offset 63 g/m² para Editora Vida.